汽车后市场从业胜经

汽车售后盈利实战攻略

王　东　编著

机械工业出版社

本书以汽车售后管理人员的视角，结合汽车售后实际运营，采用经营管理行动分析加实际操作案例的形式，为汽车售后工作人员提供关于售后盈利的实战攻略。

本书专注于经销商一线实践落地的最后一步，从客户管理、经营管理、流程管理、品牌营销四个维度设计了 23 个聚焦于一线的落地方案，同时在方案设计上本着由简到复杂的原则来设计，确保在汽车售后工作人员实际执行中逐步落地，步步为赢。

图书在版编目（CIP）数据

汽车售后盈利实战攻略／王东编著. —北京：机械工业出版社，2021.3（2024.5 重印）
（汽车后市场从业胜经）
ISBN 978－7－111－67858－8

Ⅰ.①汽…　Ⅱ.①王…　Ⅲ.①汽车-售后服务-盈利
Ⅳ.①F407.471.5

中国版本图书馆 CIP 数据核字（2021）第 054256 号

机械工业出版社（北京市百万庄大街 22 号　邮政编码 100037）

策划编辑：李　军　　责任编辑：李　军
责任校对：王　欣　　封面设计：马精明
责任印制：单爱军
北京虎彩文化传播有限公司印刷

2024 年 5 月第 1 版第 4 次印刷
184mm×260mm · 9.75 印张 · 169 千字
标准书号：ISBN 978－7－111－67858－8
定价：59.90 元

电话服务　　　　　　　　　　　网络服务
客服电话：010－88361066　　　机 工 官 网：www.cmpbook.com
　　　　　010－88379833　　　机 工 官 博：weibo.com/cmp1952
　　　　　010－68326294　　　金 书 网：www.golden-book.com
封底无防伪标均为盗版　　　机工教育服务网：www.cmpedu.com

序

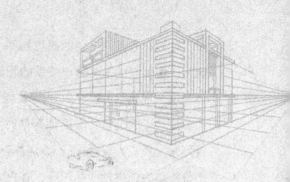

　　《汽车售后盈利实战攻略》是王东老师编著的第一本图书。在付梓之前，我有幸先睹为快。整体而言，这本书值得汽车行业管理层人员，尤其是汽车售后业务管理人员反复阅读和取经，书中不仅提出了目前汽车零售和售后业务面临的困境与解决思路，还结合王东老师多年来在汽车售后领域实操的 23 个落地案例，围绕客户运营、业务流程、品牌营销等维度，图文并茂地为一线人员提供了售后业务产生盈利的具体步骤，确保读者能够学以致用。

　　我尤其赞赏王东老师在本书中提出的核心观点：服务行业最为核心的资源是客户。因此，只有有效地经营客户资源，才能产生更多的盈利。

　　在大工业时代，由于物资短缺，上到主机厂（汽车生产厂家），下到渠道方（汽车经销商），只需要大批量生产出合格的产品，就可以轻易完成销售和售后的相关环节，进而依靠产品的批发和零售差价，产生业务盈利空间。提升效率的方式就是术业有专攻，对于主机厂而言，只需要负责产品的设计研发、生产制造环节，品牌和公关层面找公关和广告公司，宣传层面找媒体，销售和售后层面招募和组建全国经销商网络，基本就可以完成产品（Product）、价格（Price）、渠道（Place）、推销（Promotion）这四个环节，与之对应的营销理论称为 4P 理论。

　　而随着互联网的兴起，产品逐步进入过剩阶段，信息通道更加便捷，商品价格更加透明，推销方式日益多元化。4P 理论也开始被质疑，进化为消费者（Customer）、成本（Cost）、便利性（Convenience）、沟通（Communication）的 4C 理论，定位理论、整合营销等营销理念纷至沓来。只要稍加研究，会发现一个规律，就是产品功能在这些现代营销理论中日益弱化，人际关系和沟通的重要性越来越凸显。

　　我在走访一线汽车经销商的时候，发现一个有趣的现象，在我认识的销售顾问中间，凡是业务做得出色的销售冠军，毫无例外都是非常重视客户关系的。销售冠军的能力，所仰赖的是与客户关系的融洽程度和信任程度。

这个现象也可以套用到汽车4S店层面。过去，我们只需要投入大量资金进行土地和展厅、车间设备、零配件等硬件投资，即使没有客户运营，也可以轻松获利。但是近年来，投资人发现进行4S店投资的回报周期越来越长、亏损概率大为增加，每当深陷价格鏖战，出现产品积压、客户大量流失的情况时，我们往往习惯性地认为，这是主机厂在产品、品牌和营销层面出现了问题，而很少反省在经营客户关系、服务客户能力层面是否有所欠缺。对此现象，王东老师指出，长期以来，汽车经销商往往习惯于在客单价上做表面文章，而与保有客户的经营与维系力度以及对客户高黏性产品的研发领域，均有待培训和强化，而这些不足又导致客户有效回厂次数不够，进而影响经销商盈利。

当然，主机厂层面也面临同样的问题。在本书中，王东老师提到工业4.0的一个关键点，就是"原材料（物质）"="信息"。换言之，我们身处的信息化时代，现代化企业所制造的产品，已经不是简单地将零配件装配而成的机械。什么意思呢？比如我们过去用诺基亚等手机打电话，手机只要具备基本的通信功能就可以了，但是在智能网联时代，手机开始成为能够延伸到消费者的衣食住行的终端信息化平台，用户通过匹配到个人的软硬件服务，获得工作、出行、娱乐、休闲等方方面面的需求满足。未来的汽车，也必将是软硬件结合的信息化载体，汽车制造商也必将成为资源整合和获得收益的移动平台，就像苹果公司依靠苹果商店对入驻App进行收费，阿里巴巴通过平台商家获利一样。按照王东老师的说法，制造业终将成为信息产业的一部分。

因此，回到本书探讨的话题。过去，汽车经销商业务赚的是成交差价，商品车辆、售后零件、车险保单、精品装饰无不如此。而随着近年来消费者日益年轻化、同类产品日益过剩化、对体验环节要求严苛化、技术与服务同质化——我称之为汽车服务的"新四化"，作为汽车经销商，我们蓦然发现，原先固有的优势正在丧失殆尽，所谓一流的硬件设施、专业的售后技术、独占的资源垄断，都将成为流光幻影。

好在，亡羊补牢，犹未晚也。王东老师指出，当前的汽车经销商，由于具备新车销售功能，依然具备天然的客情优势，一如"新婚蜜月期"，客户会将销售车辆的经销商作为提供服务的首选。因此，如何回归本质，利用此核心优势进行与客户之间的关系连接，就变得更加重要！找到有效的措施，提升和客户的黏性维系，带给客户良好的服务体验，将业务与重点从车转变为人，以人为本地分析客户需求，提供更具场景化的专业服务，让客户对我们产生情感认同，才是唯一的商业成功之道。

那么，如何才能建立关系和情感的连接呢？通过阅读本书中王东老师提供的解决思路和落地方案，相信大家一定会获益匪浅。

写到这里，我想额外谈一下，王东老师在本书最后一节中，所提及的进行客户连接的问题。

此前我们说到，随着信息化时代的高速发展，未来企业的产品就是信息。汽车也会成为连接用户的移动化生活平台。那么，这种理论和展望，对汽车经销商有何现实意义呢？答案很简单，把我们的产品（服务）变成信息化平台。什么意思呢？比如为何我们现在的活动邀约成功率不高？为何网销客户到店率只有3%？因为我们的信息化传递（内容）做得无趣！我们采用的依然是20世纪60年代的4P营销理论——强制式推销。在大数据、信息化时代，如果想做好客户连接，就必须要通过所有的线上线下途径，提升我们连接客户的方式，包括我们耳熟能详的微信、公众号、朋友圈、短视频、直播、网销等一切手段，做好我们的线上和线下所有信息化内容的传播途径，让客户对我们推荐的信息有兴趣、有认同，而不是简单地依赖电话、短信等传统单一的"轰炸"手段。基于这种认知，我们近期也将推出相应的系列培训，为广大的汽车经销商和业内同仁提供支持，大家可以关注我们的微信公众号（Autodealer汽车经销商）的相关推送。

在这篇序言的最后，我想谈一下对王东老师的印象。我所认识的王东老师谦和有礼、好学不倦、坦诚低调。除了咨询辅导工作外，他迄今依然在山西某汽车经销商集团工作。这也是他与众不同的地方，书中所有的知识均来自他身处一线的所思所想并为之身体力行。正如王东老师所说，他已经和我们合作开展与本书内容相关的业务培训和训练营，并深受业内同仁的高度评价。我个人为拥有这样的知行合一的朋友而骄傲，也期望王东老师笔耕不辍，为汽车行业提供更多有价值的内容！

麦 迎

微信/手机：13810757582

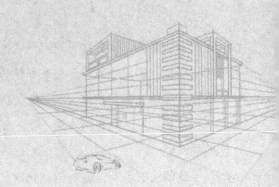

前　言

随着中国工业文明的迅猛发展，中国汽车市场经历了 20 年的辉煌发展时期，2001 年本人汽车专业毕业后就进入汽车行业，开始在汽车经销商集团工作。

这些年随着工作的变动，国产、合资、外资品牌的经销商工作我都经历过，能够亲身参与并见证这伟大的 20 年，是我们这一代汽车从业者的荣幸。

在世界工业文明发展进程中，2013 年德国首先提出"工业革命 4.0"的概念，2015 年我国提出了"中国制造 2025"的强国战略，一场伟大的工业升级革命在人类社会中正式开启。

随着工业文明的进化升级，商业领域发生了天翻地覆的变化，消费升级已经成为市场领域最热的话题。在消费升级过程中，消费者的需求发生了巨大的变化，新的商业模式不断涌现。

20 年来我们汽车经销商虽然在经营与管理上也在一直不断发展，步步完善，但是整体变化并不大。

2018 年，中国乘用车产销量 28 年来首次出现负增长。这个行业拐点的出现表明汽车市场环境竞争变得更为激烈。面对这样的市场环境，汽车经销商自我调整、优化管理、经营进化就变得至关重要。

春江水暖鸭先知，关于经营环境的变化，我们每一个从业者的感触是最深的。这些年，我通过对汽车行业的思考、总结以及对其他行业的借鉴学习，提出了针对经销商销售业务、售后业务、衍生业务的"汽车经销商盈利进化 4.0"。

2016 年，我开始为经销商做企业顾问，用"汽车经销商盈利进化 4.0"来指导店里全年的运营工作，经销商业绩取得了比较大的突破。

在实际落地实践中，我发现目前4S店销售先行，售后一直以来没有被高度重视。而随着汽车由卖方市场变成买方市场，随着4S店从销售商到服务商的转变，不但售后业务变得越来越重要，经营中服务的思维也变得更为重要。我甚至认为目前我们整个4S店的经营，从销售到市场，从外部客户感受到内在管控，都应该与时俱进地用服务的思维，回归商业本质，重新找到定位。

2019年初，在微信公众号"Autodealer汽车经销商"麦迦老师的支持下，我将这套管理实践设计成针对4S店管理层销售、保险、售后三条业务线的经营课程。在一年的时间里，有近千名来自行业一线的管理者参加了线上八天的训练营课程。

编著本书，就是希望能够将这些年来我在汽车售后服务领域实践中总结的经验方法分享给更多的同伴。

这些年来，我一直未离开一线，对一线的实际落地情况更为了解。在本书中，我是本色出演，从一个汽车经销商管理者、一个总经理或服务经理的角色出发来做内容设计。

本书从汽车经销商管理者的视角出发，依托汽车售后服务行业的营收之"道"，结合市场变化，定义、思考、分析，以改善进化的思维去制订实际的落地解决方案。

何为汽车售后服务行业的营收之"道"呢？"道"一般解释为不以人的意志为转移的事物发展的客观规律。照此解释，售后服务行业营收之"道"可解释为：售后服务行业年收入 = A（店面年平均保有客户量）×B（保有客户年平均进店台次）×C（平均进店客单价营收）。

本书将从售后营收之"道"的营收公式出发，带领大家将营收公式中的A（店面年平均保有客户量）、B（保有客户年平均进店台次）、C（平均进店客单价营收）三要素与实际一线经营结合，通过分析与思考，将经营进化思维落地为具体的执行方案，从而实现售后服务业绩的突破，将既定目标变为现实。

从客户管理出发，解决汽车经销商在售后保有客户管理中锁客、维客、拓客的问题，增加客户黏性，确保A（店面年平均保有客户量）、B（保有客户年平均进店台次）要素的提升，接下来通过售后经营方案设计以及内部管理提升消费者整体体验感来解决C（平均进店客单价营收）的提升。

本书分为售后盈利进化战略篇、客户经营升级篇、经营管理篇、流程管理篇、品牌营销篇，并列举了 23 个实际案例，为读者提供实操参考。

对于我们一线从业人员来讲，最重要的是落地，行百里者半九十，最后的十里才是关键，所以在具体方案设计上基于从执行落地出发，在客户管理、经营管理、团队管理上本着由简单到复杂的原则来设计，确保我们在实际执行中，先简单后复杂，逐步落地，步步为赢。

编　者

目 录

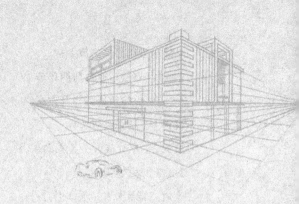

序

前言

第1章 售后盈利进化战略篇

1.1 经销商售后盈利升级的核心思想

1.1.1 移动互联网时代下的汽车市场

这些年汽车经销商圈子里流行着这样一个说法："去年很难，今年更难，明年难上加难！"

这个调侃式的说法，其实是由今天行业经营的艰难与之前汽车市场的一片繁荣对比而来的。

2001年12月11日中国成功加入世界贸易组织。在此之后的20年是中国工业迅猛发展的20年，也是汽车产业欣欣向荣的20年。我们便身处在这一个伟大的时代。

这20年来整个中国的经济结构、产业结构和人们的生活习惯都发生了天翻地覆的变化。

汽车行业的发展变化同样巨大。汽车由原来的公务使用、富有阶层的专享，进入了百姓家庭，甚至成为我们这个时代新人结婚的"三大件"之一。随着私家车的普及，汽车经销商尤其是汽车4S店也迎来了黄金20年。

随着中国汽车整体销量的迅速攀升，中国汽车工业的做大做强，汽车经销商也在中国迅猛发展，众多营收过百亿的大型汽车经销商集团涌现，对于我们汽车行业来说谁都不能否认这是一个最好的时代！

汽车4S店集整车销售、零配件、售后服务、信息反馈四位一体，在为客户提供效率更高、更专业服务的同时，运营成本相对较高。随着汽车行业的竞争越来越激烈，特别是汽车市场到了负增长时代，销售毛利下降，经销商开始面临越来越大的经营压力。

事实上，相比销售，汽车经销商的售后业务部分其实更早经受了外部竞争的压力。

汽车维修行业的门槛并不算高，投入也不算太大，随着汽车市场的繁荣，大量的汽车维修企业如雨后春笋般涌现，这些年市场上大量的修理企业一直在与 4S 店售后竞争。

中国汽车保有量 2020 年已突破 2.75 亿辆，汽车保养维修市场是一个万亿级的市场。如此巨大的市场很早就吸引着无数资本的涌入。早在 2014 年，资本市场就喧嚣不断，一个个汽车后市场的新模式、新概念疯狂涌入，在探索、在寻找，繁荣的同时更是混乱纷杂。

与此同时，中国整个汽车使用环境也随着社会的发展发生着巨大的变化，特别是在移动互联网时代，人们用车生活更是发生了翻天覆地的变化。

在移动互联网时代，手机的功能变得格外强大，声音、图片、音频、文档的传输，以及面对面的视频沟通都可以随时随地做到。

智能手机端越来越多的各类生活服务 App，让生活变得更便捷，足不出户就可以解决很多生活刚需，生活类出行大幅度下降。

在商务领域，之前越来越多的需要见面才能完成的场景，需要开车到指定地点才能办成的事情，现在都可以通过移动互联网来解决，直接的结果是人们商务出行的减少。人们出行需求的减少，用车频率的下降，车辆行驶里程数也就少了。

此外，随着国家的交通建设，全国高铁网络逐步成型。特别是中国各地市之间高铁线路的开通使得人们的中长途出行方式发生了巨大的变化，之前依靠汽车高速公路出行为主，现在变成了高铁出行为主。

人们的长途出行变换了方式，短途出行减少了次数，最后的结果就是人们年用车里程的迅速下降，而 4S 店售后的所有保养业务又依托在行驶里程上，车辆回厂必然受到影响。

其次是国家政策的影响，例如政府公车改革的变化。政府公车改革之后，公务用车下降，整块业务发生了大的变化，很多服务于政府单位用车的经销商首当其冲，受到了严重的影响。

然后是国家保险的费改，出险的次数直接与来年保费的金额挂钩，作为 4S 店售后业务重要组成部分的保险事故产值，保险业务佣金收入受到影响则是必然。

最后是消费者更高的服务体验需求。在移动互联网时代，依托于手机移动端的互联网生活服务 App 给消费者带来全新的消费体验，在这样的环境下，消费者的需求随之发生了根本性的变化。所谓消费升级，其实更多的是消费者对于服务体验的需求的升级。

而在这 20 年里我们整个 4S 店售后的服务模式、服务内容一直没有大的变化，很多方面我们的服务能力已经无法满足客户的服务体验需求。

我们需要思考的是汽车售后业务的核心资源是什么？"客户是上帝"这句话常被服务行业提起，我认为这句话真正表达的是服务行业最为核心的资源就是客户。整个汽车售后业务盈利的本质就是客户资源的有效经营。

汽车售后业务的收益模型公式：

$$售后服务行业年收入 = A（店面年平均保有客户量）\times B（保有客户年平均进店台次）\times C（平均进店客单价营收）$$

回看我们这些年在售后领域的经营，我们会发现我们往往习惯于在 C（平均进店客单价营收）上做文章，对于客户的研究分析远远不足，在保有客户的管理与维系上，在客户黏性产品的设计上，在客户有效回厂次数的经营上远远不够。

变则通，通则存，存则强。

这个时候，4S 店经销商想要突破瓶颈，再上一层楼，就必须主动拥抱时代，找到新的经营方向。

1.1.2　未来汽车经销商的定位

回顾历史，人类社会每一次重大的变革都开始于工业革命。

第一次工业革命，源于 1760 年的英国，人类进入蒸汽时代，人类生产生活中机器取代了部分的体力。

第二次工业革命，源于 1870 年的美国，人类进入电气时代，人类生产生活中机器取代了全部的体力。

第三次工业革命，源于 1945 年的美国，人类进入信息时代，人类生产生活中机器取代了部分的脑力。

2013 年 4 月，德国在汉诺威工业博览会上首次提出了人类"工业 4.0"的概念，第四次工业革命在此刻被推动。

工业 4.0 是德国政府《德国 2020 高技术战略》报告中所提出的十大未来项目之一。该项目由德国联邦教育局及研究部和联邦经济技术部联合资助，投资预计达 2 亿欧元。该项目旨在提升制造业的智能化水平，建立具有适应性、资源效率及基因工程学的智慧工厂，在商业流程及价值流程中整合客户及商业伙伴。其技术基础是网络实体系统及物联网。

德国所谓的工业4.0是指利用物联信息系统（Cyber Physical System，简称CPS）将生产中的供应、制造、销售信息数据化、智慧化，最后达到快速、有效、个性化的产品供应。

工业4.0进入中德合作新时代，在中德双方签署的《中德合作行动纲要》中，有关工业4.0合作的内容共有4条，第一条就明确提出工业生产的数字化就是"工业4.0"，对于未来中德经济发展具有重大意义。双方认为，两国政府应为企业参与该进程提供政策支持。

在工业4.0时代，未来制造业的商业模式是什么？就是以解决顾客实际问题为中心。未来制造业将不仅仅进行硬件的销售，还要通过提供售后服务和其他后续服务，来获取更多的附加价值，这就是软性制造。而带有"信息"功能的系统成为硬件产品新的核心，意味着个性化需求、小批量定制制造将成为潮流。制造业的企业家们要在制造过程中尽可能多地增加产品附加价值，拓展更多、更丰富的服务，提出更好、更完善的解决方案，满足消费者的个性化需求，走软性制造加个性化定制道路。

工业4.0有一个关键点，就是"原材料（物质）" = "信息"。具体来讲，就是工厂内采购来的原材料，被"贴上"一个标签：这是给A客户生产的××产品，××项工艺中的原材料。准确来说，智能工厂中使用了含有信息的"原材料"，实现了"原材料（物质）" = "信息"，制造业终将成为信息产业的一部分。

看到这里，我们会发现工业4.0更复杂，但是实现之后效率会更高，而随着工业智能的发展，一线的执行难度却会变得更简单。

我第一次看到这些有关工业4.0的内容，整个人陷入深思。

我们汽车经销商和工厂类似都是典型的重资产，土地、展厅、车间、设备、库存车、备件这些硬件都需要我们前期花大量资金去投入。

工业发展是最典型的进化升级，每一次工业革命都会带来人类社会的变革。那么我们汽车经销商能顺应这个时代的发展去实现自我进化吗？

面对汽车市场的变化，我们必须提高整个企业的经营效率，面对消费者消费升级之后，对服务需求的多样化，汽车经销商必须实现智能化经营，从而具备为客户提供定制式服务的能力，实现汽车经销商盈利能力的进化。

说到汽车经销商的盈利，不妨先分析一下目前的获利情况。在汽车经销商的经营中赚的是销售的钱，销售的产品与服务都有成本，实际赚的就是销售差价。

商品车是这样，售后零件是这样，车险保单是这样，精品装饰是这样，售后的工时费也是需要付出车间技术人员工资成本的。

销售卖车要等到客户入店才行，售后修车同样也要等客户回厂，所有的利润都来自于客户上门拿走产品之后的成交差价和做完服务之后的成交差价。

为了实现销售，我们需要进货、备有库存。不管我们有没有销售，销售了多少，这个成本永远在，永远要占用资金，也一直产生着资金利息成本。

汽车经销商整天在和保险公司、银行打交道。我们不妨看看它们的盈利方式。

先说保险公司，保险公司的产品是保单，所谓的保单是客户先付钱然后给一个未来万一发生问题需要服务的费用保障。对于客户来说，最希望未来没有问题，即付钱后永远用不到理赔。特别是保险公司的人身险，没有哪一个人买了大病保障由于没有用到而心理不平衡的。

再看银行，银行赚什么钱？银行赚放贷的利息，而银行放的贷款不是自己的，而是储户的，所以银行是在拿别人的钱赚钱！

然后我们再看看互联网企业，做销售的都知道"顾客就是上帝"这句话，如今的互联网公司却奉行客户体验至上原则，在 App 开发用户界面设计上还有这样一条铁律，让用户多动一下手指都是犯罪！

微信 App 在不断升级，功能越来越强大，操作却越来越简单。

美团 App 所覆盖的生活服务内容变得越来越多的同时，带给客户的感受也越来越好。

打开手机淘宝、头条新闻，完全是千人千面，每个人的内容都不一样，互联网公司根据大数据分析、智能算法为用户提供体验更好的定制推荐。

在腾讯、阿里巴巴、美团、百度这些互联网巨头的影响下，如今的消费者已经习惯用最简单的方式去获得最直接的解决方案，做不到的就会被消费者"吐槽"，被消费者淘汰。

汽车服务领域，售后业务收益是汽车经销商很大一块利润来源。在汽车后市场这个板块，我们汽车经销商同样面临着越来越多的竞争。

比起销售端来，汽车后市场的竞争者形式更多，类型更多。不但有之前传统的修理厂、轮胎店、洗车店，还有连锁的汽车服务店，网上的汽车用品商城、线上线下结合的汽车服务商家，甚至还有汽车主机厂与汽车零件生产商主导的服务连锁品牌。

它们更便捷、运营成本更低、价格优势更大，有的更是借助资本的力量用"烧钱"的方式，可以让价格低到让你怀疑人生。

那么面对这些商家，我们汽车经销商尤其是4S店售后的核心优势到底在哪里？

是价格吗？显然不是，高标准投入，决定了我们的价格是不具备优势的。

是环境吗？对比一些连锁的标准化汽车服务店，我们也不具备绝对优势。

是专业技术吗？其实汽车发展到今天，车辆故障率下降，厂家技术、配件反垄断的实施，汽车维修技术这件事也不再是绝对优势。

与外部竞争者相比，车是我们卖给客户的，讨价还价的时候是博弈关系，但是客户购买汽车后，我们和客户之间则有着一个如新婚般的"蜜月期"的存在。

在客户情感上，买车之后，客户会将我们当作服务的首选提供商。回归本质，我们的核心优势还是在于我们与客户之间的情感关联！

如果我们能利用蜜月期好好经营客户，找到有效的措施提升我们和客户的黏性，维系好客户，做好服务，带给客户良好的服务体验，那么客户就不会丢失！

但是反思以往的经营，就会发现这些年来我们服务的重点一直是车。未来从服务客户角度出发，分析客户的需求，提升客户的服务体验才是经营的关键。

以前汽车经销商做的是车的生意，服务的是车，挣的是客户由于车辆的需求找上门的钱。经销商的收益集中于车辆销售价差、保养、机修和事故车等。经销商花大笔资金投入的场地、人力、商品车、配件和设备都在等着被利用。

随着时代发展，消费升级，汽车经销商未来之路需要向其他行业学习，要自我进化。

1）围绕消费者展开服务，并让消费者感觉到我们提供的服务是刚需的、体验感良好的。

2）我们要学习互联网企业，依照消费者的需求去整合资源，设计定制的服务与产品，形成高黏性的整体服务方案。

3）我们要学习保险行业为消费者提供权益保障服务，挣未发生的钱。

未来我们汽车经销商的定位应该是，实现信息化、智能化运营，服务消费者本人，以消费者正在发生与即将发生的需求为导向。以代理产品结合自主开发设计的服务产品为消费者提供私人定制的个性化的关于"人、车、生活"的全生命周期服务体验交易平台。

1.2 售后业务经营战略地图

1.2.1 售后经营的三个重要转变

要适应消费者需求的变化，售后经营需要做一些相应的转变。

第一个转变：以车的需求为经营核心改变为以人的需求为经营核心。

简单来说，就是由服务车变成服务人。从需求属性出发，我们可以将需求分为车的刚需和人的刚需，比如事故维修、车辆维修，这些都是车的刚需。这些项目不做，车就无法正常使用。而比如汽车养护、美容、空调清洗、贴膜等这些项目则是人的刚需。这些项目做不做虽然不影响车的使用，但是会影响消费者的驾乘感受。

服务车的项目是基本项目，往往拼的就是性价比和专业度。而服务人的项目拼的则是体验感和场景化。

服务车的项目，和客户直接说出来就好，所以我们售后服务一直以来都在强调沟通话术。而服务人的项目，则是要为客户设计场景，营造良好的体验，让客户感兴趣，所以之后的售后服务就要强调做情景剧本式销售了。

车主消费升级最大的变化就是消费者对于车辆的驾乘感受要求越来越高。与此同时，随着车辆质量的整体提升、交通路面设施的日趋完善、出行方式的丰富多样，车的使用里程以及故障率在降低。在这样的情形下，车的需求项目，如事故修理、故障维修自然也会随之降低。

以车的需求为经营核心改变为以人的需求为经营核心，就变成顺应消费者消费变化的必要举措。

第二个转变：以更换机油的回厂周期设计改变为以客户驾乘体验需求的回厂周期设计。

这些年，我们一线的售后人员都明显感觉到现在的工作越来越难做。

第一个难的就是回厂，为什么回厂这么难？原因很简单，一直以来，所有的车主认为到 4S 店里就是保养，保养就是换机油，而换机油就是看里程。以前用车一年 2 万 km 的大有人在，现在一年跑到 1 万 km 的车主都很少，2 万 km 以上更是凤毛麟角，里程跑得少了，那么客户自然是进厂就少了。

需要思考的是，我们汽车售后服务真的就是给车主换机油的吗？要知道 4S 店售后的地位就相当于三甲医院，我们能为客户提供的服务是全体系的。而汽车有五大系统、两大机构、两三万个零件，应该做的且能做的服务其实是非常多的。

同时车主在不同季节，不同使用状况下的需求是多样而各异的，我们这些年一直以回厂更换机油保养为核心服务业务，在这样的经营策略下错误地让车主认为来 4S 店售后就是回厂换机油。

汽车售后的服务项目以不同季节的需求，我们就可以找到非常多的基于车主驾乘体验的服务。比如，春天车内风道的杀菌清洁，夏天空调系统的维护保养、远程控制智能空调的改装，秋天天窗的清洁保养、车身胶条的润滑养护，冬天发动机系统的深化养护、远程控制开启暖风系统热车的改装等。

第三个转变：以售后服务项目的公开邀约变成为消费者提供定制服务的私人邀约。

在现实中，另外一个让一线人员痛苦的地方是回厂邀约。

现在的服务顾问邀约客户回厂，已经变成了最重要的工作内容，我们目前仍然还在使用传统的办法，就是搞回厂活动车辆检查再送点小礼品。

但事实上客户现在对于我们售后这类的回访邀约电话，已经变得越来越反感。

一线服务顾问，对于我们的一些售后项目，比如售后养护品的任务感觉是越来越难，面对客户的不断拒绝甚至都有抵触情绪。

到底要给我们的客户提供什么样的服务呢？如何能够让我们的客户不拒绝我们呢？

这是摆在我们所有的售后管理者面前的一个问题。

我们售后的邀约，为什么客户不买账呢？因为我们现在所有售后的邀约形式，都是这样操作的。看到进厂少了，部门或公司出一个方案，然后针对我们所有的客户，由客服部或者是服务顾问做一遍邀约。

这种全面邀约的情况下必然会出现一个问题，那就是很多我们的活动方案，或者我们的邀约内容，对于客户来讲是不适合的，或者说是毫无价值的。

这种毫无价值的内容我们去直接推给客户，对于客户来讲就是一种骚扰。在信息泛滥的今天，客户早就被无休止的各种推送信息弄得很烦了，那我们这种内容又能有多好的效果，可想而知。

如果我们想提升活动邀约的成功率，那就必须将我们的内容做好，让客户感觉到给他的推荐是有价值的，而不是骚扰。

管理层为了项目产值，必定要求渗透率，在服务顾问端口则是要求开口率。

当然我不是说要求开口率不对，而是在现实中往往会造成过犹不及甚至走向反面的情况。

现实中由于我们在要求开口率，所以为了完成这个任务，一线员工，就要不断地和客户讲，努力做到每一个客户都说。问题是很多项目，客户是完全不需要的，那么在这种情况下，可想而知顾客必然就会多次地拒绝服务顾问。

被人不断地拒绝，不断地否定是很痛苦的。而这种情况下服务顾问就不得不面对顾客不停地说"不"，不断地拒绝的尴尬局面。开口率 KPI 考核这件事情，对于服务顾问就变成了一件很痛苦的事情。

在很多管理层要求开口率极端的店，会给我们的服务顾问配录音笔。结果呢，上有政策，下有对策，我们的服务顾问就自说自话，甚至跟客户说："我们公司有考核，一会儿我要讲的都讲到，您如果不需要，您也可以不做，如果我不录音，公司会扣我的钱，您配合我一下。"

大家想一想，这种服务场景给客户的感觉是什么？

客户会觉得你这个企业是一个腐朽的企业，是一个非常死板的，没有人情味的公司。我们做的是服务业，如果把这种感觉给客户，那么客户对我们企业的印象会是糟糕至极。

同样是做推荐，互联网企业的方法是利用大数据的智能算法做推荐。手机淘宝、头条新闻，你喜欢什么就给你推荐什么，每一位消费者都推荐定制化的内容，千人千面，客户的体验感比我们好太多。

我们一定要把面对所有客户的邀约变成具体的为有需求的客户，提供定制服务。

那具体应该怎么做呢？我们可以去利用好现有的汽车经销商管理系统（Dealer Management System，DMS），用系统赋能我们的接待工作。

首先，每一台进厂的车子，我们都要做严格的全车检查，随后我们要将检查结果，特别是下次建议项目严格地录入电脑端的 DMS。

售后使用的 DMS，不管是哪个主机厂开发的，它都有一个非常好的功能，就是数据统计。我们完全可以用系统统计功能把前一个工作周期内所有的检查车辆的大数据汇总出来。根据这个大数据，我们基本上就可以确定在这些车辆里，哪些汽车需要什么样的服务。

那么接下来我们就根据这个大数据，对于不同项目需求的客户制订对应的服务定向邀约方案。

比如说，我们发现我们在上一周保养的 200 台车里有 35 台车，制动系统的制动片已经很薄了。那么我们在下一个周期就可以组织一个活动，针对这 35 个客户，去做定向邀约。

我们邀约的内容可以做类似这样的情景设计。

服务顾问打通客户电话。

"×先生/女士，您好。我是××店服务顾问×××。上次我接待您的时候检查车发现您车的制动片已经很薄了，这周公司要举办一个特惠服务，更换制动片的工时费打折。公司这个活动一出来我第一时间就想到了您，所以赶快给您打电话，您看什么时候可以来?"

大家想想看，这样的方式是不是能够让客户感觉到我们对他的车辆用了心，同时这样的方式是不是能够让我们的邀约变得更有效?

退一万步来讲，即使客户拒绝了我们，那他也一定要跟我们的服务顾问道声"谢谢"的，而不是很粗暴的拒绝。

在经销商售后经营中，最大的矛盾就在于我们的服务内容无法满足客户消费升级之后需求的变化。

以车的需求为经营核心改变为以人的需求为经营核心。

以更换机油的回厂周期设计改变为以客户驾乘体验需求的回厂周期设计。

以售后服务项目的公开邀约变成为消费者提供定制服务的私人邀约。

这三个改变将是我们售后服务升级的关键。

1.2.2　经销商售后业务整体战略

让我们跳出具体业务，站到整个售后运营层面，来看我们的售后业务如何可以做到有效经营、持续盈利提升。

我们已经理解售后的盈利是这样的乘法公式：

汽车售后业务的毛利 = 售后服务行业年收入 × 毛利率

售后服务行业年收入 = A(店面年平均保有客户量) × B(保有客户年平均进店台次) × C(平均进店客单价营收)

基于汽车售后服务行业的营收之"道"，做好汽车售后的盈利提升就要在基盘保有客户维系、平均保有客户回厂次数经营、平均客单价管理、服务业务毛利率管控这四个维度上下功夫。

整个售后盈利的开展，我们可以用售后业务战略图来说明，如图1-1所示。

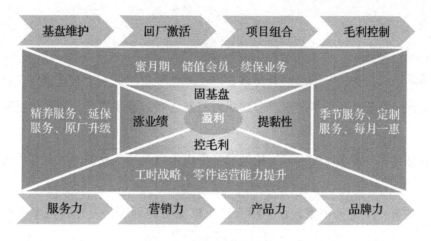

图 1-1 售后业务战略图

整个售后业务的核心目标是盈利，在经销商管理中，有一个 KPI 很重要，叫作零服吸收率。

零服吸收率（Shop Absorption Rate），即售后服务产生的利润与经销商运营成本的比率，"零服吸收率"越高表明售后利润越好。

零服吸收率的概念最早在日本提出，是精细化管理的产物，它是一个静态指标。

计算公式如下：

$$零服吸收率 = \frac{售后毛利（营收-配件成本）}{公司运营成本（固定成本+变动成本）} \times 100\%$$

这个 KPI 衡量的就是售后服务产生的利润能不能覆盖整个经销商的运营成本，如果零服吸收率可以做到 100%，那么就意味着这个经销商在没有新车、精品、二手车等利润的境况下，售后就可以支撑起整个店的运营成本。

这个 KPI 为什么会不断被提起呢？因为现在销售端的获利越来越难了，4S 店的生存需要售后的获利做支撑。

在以盈利为核心的战略图中，需要四个维度来支持盈利。

第一个维度：基盘客户的维护，我们的策略是固基盘。

第二个维度：客户回厂的有效激活，我们的策略是提黏性。

第三个维度：增长业绩，我们的策略是通过服务项目设计组合获得新的增长点。

第四个维度：控制毛利，我们的策略是工时收入与零件运营能力的提升。

1. 固基盘

我们要以基盘客户的有效维系为目的去做落地方案。

售后业绩的根基就在于我们的基盘客户，基盘客户就像一个有进水口、也有排水口的蓄水池，不断有新购车的客户来到我们的基盘客户蓄水池里，当然也不断有客户流失。

只有基盘客户蓄水池进水口流量远远大于出水口流量，我们的保有客户规模才能越来越大。

我们的第一个落地方案，就要解决进水口流量的问题，做好新购车客户的维系工作。

对于新购车客户，我们具备巨大的优势，客户刚买车与经销商的关系在蜜月期，这个时期也是我们最容易获得客户认同，锁定客户的时间段。

核心一定要抓两个 KPI，即两个率，一个率是首保回厂率，另一个率是首付回厂率。

首保回厂非常重要，如果免费的首保客户都回不来，那么这个客户之后几乎是没有什么回厂的可能了。

而首付回厂，说的是客户第一次付费的进厂，这个代表着客户对我们的认可。

如果我们设定为 3 个月首保，半年做一次常规保养，那么这两个率的计算方法如下：

$$首保回厂率 = \frac{N 月首保数（自销车）}{（N-3）新车销量} \times 100\%$$

$$首付回厂率 = \frac{N 月首付数（自销车）}{（N-6）首保数} \times 100\%$$

这个非常重要，我们稳固基盘，最主要的就是一定要把这两个率抓好，我把这两个指标作为客户蜜月期的两个生死指标！

在经营中要把这两个指标上升到战略高度。这两个指标的好坏决定着我们整个售后的基础，这两个指标也是我们"蜜月期"客户维系的核心！

首付回厂率对我们的价值非常高，客户愿意付钱接受我们的服务是对我们的认可，也是未来忠诚客户经营的开始。如果要更进一步，则是要让客户成为我们的储值会员。

这就和我们去理发店办理发卡一样，小区边开了一个新理发店，我们抱着试试看的心态，进店体验，结果很满意。当我们认可这家店，并决定未来也会选择这家店的时候，往往就会在商家的优惠下，提前交钱办卡。

对于消费者来说获得实惠，对于商家而言提前收到了钱，并且锁定了未来的固定客源。

留住老客户，降低基盘客户蓄水池排水口流量，是固基盘策略的第二个方案落地点。在维系客户的策略中，我们要针对老客户的需求与消费特点设计对应的会员方案。

客户经营核心的部分就是，我们从客户需求出发针对新老客户设计不同的会员方案。最终的目标在于要做好基盘客户的有效管理。

会员渗透率是我们这个策略中的核心 KPI：

$$会员渗透率 = \frac{N\,月回厂客户中会员数}{N\,月回厂客户数} \times 100\%$$

有效的会员产品设计与渗透能帮助我们有效地减少客户流失率。

做好客户维系必做的另一个有效方案是续保业务，续保既是我们服务客户的核心业务和与客户接触的有效途径，又是我们防止客户流失的护城河。

特别是同城多家店的情况下，很多时候店里续保是带着保养一起给客户的，一旦续保流失，客户就会一去不返。另外不在店内续保，就是保险公司的公共资源，出险之后很有可能会被保险公司推送到竞争对手那边。

基盘客户维系中，最理想的是可以服务客户用车的全生命周期，保险业务作用巨大，而续保则是其中的核心，如图 1-2 所示。

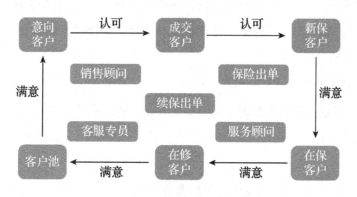

图 1-2　保险业务的巨大价值

续保部分两个重点 KPI：

第一个是在修在保基盘客户的次年续保率。

客户的车辆在我们这边维修，并且之前的保险也在我们店里购买，这部分客户的车辆也大多是我们卖出去的，次年我们一定要把这个保险拉回来，这个比例要做到多少呢？

我认为比例要做到75%以上，也就是说在修且去年投保的100台车辆，我们要将其中的75台续保回来，这个才算是达标线。

$$在修在保续保率 = \frac{N月在修在保续保台数}{N月在修在保续保到期台数} \times 100\%$$

第二个是针对在修不在保的客户的转保率。

在修不在保，就是说这台车在我们这里维修，我们有客户资料，但是去年保险不是在我们店里投保的。比如外地购车本地使用，第一年保险在外地这样的情况。

这个客户群体相对较小，但是这个部分是我们的增量，这部分行业内做得好的可以做到30%以上。

$$转保率 = \frac{N月在修不在保车辆续保台数}{N月到期在修不在保车辆台数} \times 100\%$$

总结一下，客户基盘维护这个部分有5个核心KPI指标要注意：首保回厂率、首付回厂率、会员渗透率、续保率、转保率。

2. 提黏性

从以下三个方面去做落地方案。

中国有句俗语叫作"远亲不如近邻"，还有个成语就是"日久生情"，其实说的就是黏性问题。客户只有回厂越多，见面越多，和我们越熟悉，我们的客户黏性才能越好。

我们一定要想办法让客户常回厂。

1）第一个方案，我们要根据不同的季节去设计回厂活动方案。

很多品牌的主机厂也搞过季节健诊活动，但是最后往往变成了任务指标，反而是店里的负担。

其根本在于内容设计上，健诊的核心是免费检查车这件事，对消费者的吸引力并不大。

我们所要设计的四季服务的内容必须从消费者驾乘感受出发。比如春天，我们问询客户是否开过空调，是否注意过车内味道不是很好，请客户来厂做车内风道的清洁杀菌。这样的内容服务的是消费者本人的驾乘体验，因此会获得客户的认可。

依照不同的季节我们设计出四次回厂活动，一年四次目标鲜明的邀约回厂，会有效地提升客户黏性。

2）第二个方案，我们要利用好节日，设计节日服务。

要知道全世界人们的消费都有一个习惯，就是会在节日里消费。过节赋予了生活更多的意义，消费就有了更多的附加价值。比如情人节的巧克力与玫瑰花就代表了爱情。人们好像一到过节，就觉得花钱也不心疼了。

我们可以根据所在地的风俗习惯，选择有意义的节日开展活动。比如春节，很多车主要驾车回老家，那么对于车况、对于车辆的整洁度就会更为重视。这个时候，开展发动机的深化养护、车辆的内饰清洗、发动机舱清洁，客户的认可度会非常高。

3）第三个方案，我们要利用系统数据，为客户提供定制式服务活动。

在服务车的理念下，我们对车辆做完检查之后，往往会给车主不少增加项目的维修建议。比如发现制动片薄了，发现底盘和发动机橡胶件老化了，都会提醒客户做更换。

现实中由于我们表述的原因，客户往往并不领情，所以整个追加项目的沟通是需要站到客户角度去交流沟通的。同时我们要有一个原则，用来区分哪些是必须马上处理的，哪些是可以以后处理，但是之后用车要格外注意的。

我们可以从客户车辆的检查结果出发做定制式的邀约服务。

比如制动片磨损严重的客户，我们可以做一个对应的服务活动来邀请客户回厂。

在售后盈利战略中"进厂为王"，提高客户黏性这个战略的核心是提高客户的进厂频次。

3. 增长业绩

我们的策略是通过项目重新设计与组合获得新的增长点。

首先要做的是重新设计我们使用的保养套餐。

一直以来，服务顾问最喜欢的就是开所谓的"一元化工单"。根据车辆的里程设计出一个又一个的对应套餐。

这是一个典型的保养周期5000km的套餐清单，各种服务项目的内容做得比较齐全了。之前用这样的方式，客户该做什么一目了然，服务顾问的工作也很简单，见表1-1。

表1-1　车辆定期保养表

项目名称	间隔（时间或行驶里程，以先到者为准）											
	时间／月	12	18	24	30	36	42	48	54	60	66	72
	×1000km	5	10	15	20	25	30	35	40	45	50	55	60
更换机油、机油滤清器、放油垫片	▲	▲	▲	▲	▲	▲	▲	▲	▲	▲	▲	▲
发动机深度换油	▲	▲	▲	▲	▲	▲	▲	▲	▲	▲	▲	▲
发动机清洁剂	▲	▲	▲	▲	▲	▲	▲	▲	▲	▲	▲	▲
更换空气滤清器		▲		▲		▲		▲		▲		▲
更换空调滤清器		▲		▲		▲		▲		▲		▲
发动机保护剂	▲		▲		▲		▲		▲		▲	
四轮换位平衡		▲		▲		▲		▲		▲		▲
更换燃油滤清器										▲		
发动机氢氧除炭				▲				▲				▲
清洗节气门、进气系统			▲			▲			▲			▲
清洗喷油器				▲				▲				▲
清洗三元催化转换器				▲						▲		
空调系统（蒸发箱）清洗（按时间）		▲		▲		▲		▲		▲		▲
更换火花塞								▲				
制动系统养护							▲					
更换制动液							▲					
更换冷却液											▲	
更换差速器油				▲								▲
更换自动变速器油								▲				
更换正时带（齿形带、水泵、导向轮及张紧轮）												▲

入冬前检查：检查防冻液冰点，是否泄漏，检查蓄电池冷起动电压状况

入夏前检查：检查空调冷媒是否充足，清洗散热器及冷凝器外表，检查轮胎更换氮气（1万km）

提醒：根据厂家保养手册结合本地区用车环境，特制定保养项目表以供参考

备注：××提供首次免费机油、机油滤清器的更换（凭三包手册首保更换），以上保养项目是享受东风本田保修的先决条件，未进行上述保养的车辆，将不能得到相应的保修承诺。为了您的爱车的正常使用，请使用原厂配件保养您的爱车，并定期进行保养（直喷发动机每5000km必须使用发动机清洁剂）

这种方式服务顾问以前感觉很好用，一句按规定执行就可以获得客户认可。但是现在客户会感觉是"捆绑销售"，不但会被客户拒绝，同时还可能由此而引发投诉。

用这种建立在行驶里程基础上的回厂套餐方式，在客户行驶里程的下降，客户回厂次数减少的情况下，服务顾问基于业绩压力，就会努力推介客户一次做更多的项目。而客户的感受是只要一进厂，就是一大笔费用，套路满满，体验感极差。

这种做法也面临了巨大的客户流失风险。依照目前客户的使用情况，3 年质保到期，车辆的行驶里程恰恰对应着一次费用比较高的大保养。单次较高的保养费用往往是造成客户过保流失的一个很大的原因。

车辆使用里程的下降是一个总的趋势，所以我们整个服务项目的设计不能以车的行驶里程为核心，而是以客户需求为核心，分解大额工单，提升回厂频次。比如我们可以将变速器换油养护与发动机保养分开进行，将空调养护与发动机换油保养分开进行。

另一个方向是开拓服务项目，将之前我们没有做过或做得不好的服务项目想办法做起来。

其实除了保养和事故维修之外的很多项目，4S 店做得并不是很好。比如轮胎的销售、蓄电池销售、车辆配置升级、车辆美容等。这些短板项目都意味着巨大的盈利提升机会。

4. 控制毛利

控制毛利的策略是工时收入与零件运营能力的提升。

谈到利润提升，很多管理者第一反应就是要降成本。

管理者会认为降低成本费用很重要。售后经营中，最大的费用成本在于两个方面，一个是固定的房租、设备摊提，这个几乎没办法改变，另外一个就是人员工资，很多管理者认为提高售后人效很重要，这个没有错，但是人力的减少必然会影响进厂高峰时段客户的服务感受，以及售后新开发项目的推动。

服务行业需要足够人力的支撑，减员增效这件事更适用于工厂这样的生产企业。

售后业务利润提升的关键，不在于降低费用，而是提升毛利率。

一直以来，我们经营中总爱拿工时费用做文章，售后只要搞活动就会做工时打折。

这样的结果会让客户感觉我们的工时不值钱。损失实际的利润不说，客户的优惠感觉还不明显。

零件收入毛利率一般在30%左右，而工时收入是完全的毛利收入。工时费每降低一个百分点，对于我们整个售后产值的毛利率影响是远远大于零件收入的。

这个部分的核心 KPI 是工时比：

$$工时比 = \frac{实收工时收入}{实收售后产值} \times 100\%$$

客户完成维修后回访，我们习惯送客户××元的保养工时，客户下次来厂直接减免。这里我们完全可以换一种策略，送客户一个有体验感但又不是车辆刚需服务项目，比如车身养护套装，或者是送我们之前没有做过的，计划推广的新服务项目。

这样的好处是既保障了工时费，同时又促进了服务项目的客户体验渗透。

另一个是零件部分的精细化管理，通过科学化管理提升供应率的同时降低零件呆滞率。

呆滞配件是售后经营中最大的纯利润杀手，遗憾的是在很多店的内部考核中并没有真正重视这个部分，作为经营管理者管控好呆滞配件是我们义不容辞的责任。

从经营角度出发，售后的新服务项目往往都是从一个新的零件开始。零件部门是整个售后业务开展的保障，更是售后开发新的服务项目的第一步。管理良好的零件部门是会赋能我们整个售后的。

从售后服务行业营收之道：售后服务行业年收入 = A（店面年平均保有客户量）× B（保有客户年平均进店台次）× C（平均进店客单价营收）出发，设计整个售后业务的战略图。售后业务战略图目标是售后盈利，稳固客户基盘、提升客户黏度、提升经营业绩、提高经营毛利则是实现售后战略目标的四个维度。售后盈利提升的经营就是要通过这四个维度制订进化改善方案，落地实施，逐步打造企业的服务力、营销力、产品力、品牌力。

战略方向确定了，接下来就是现实中具体的应用与具体的操作，通过有效落地，拿到售后经营成果，获得售后业务盈利能力升级。

本章重点

1) 以发展思维看待市场的变化，通过对社会发展、商业发展、行业发展的分析，对未来的汽车经销商作出定位。

2) 从售后服务行业营收之道出发，设计整个售后业务的战略地图。

3) 分析寻找现今制约一线业务发展的矛盾点，并提出未来汽车售后业务需要去做的三个重要转变。

4) 从实际一线经营出发，设计实现售后业务战略地图的实施路径与落地方案。

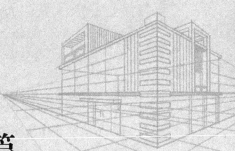

第2章 客户经营升级篇

2.1 客户的锁定经营

2.1.1 "蜜月期"客户的锁定方案

售后服务行业营收之道，售后服务行业年收入 = A（店面年平均保有客户量）× B（保有客户年平均进店台次）× C（平均进店客单价营收）。

关于 A（店面年平均保有客户量），汽车经销商需要建立"水库"的感念，保有客户就像一个蓄水量在不断动态变化的"水库"。如同"水库"的"进水"和"排水"，我们的保有客户基盘不断有客户进入，也不断有客户流失。

A（店面年平均保有客户量）这个定义，重点在于"平均"。在实际应用中，我们设定好新客户的认定标准（比如以首次保养回厂为准），和流失客户的认定标准，（比如 10 个月未返厂），那么我们每个月可以准确地采集到实际在当月的保有客户数量，当然这个数字是不断变化的，而这个每月都在不断变化的数值的年度平均值就是 A（店面年平均保有客户量）。

对于这个数据的定义可以让我们对售后经营状况的把脉更准确，更好地应用到预算管理、经营管理的精细化改善中。

售后运营本质上就是对客户的有效经营。离开客户经营，售后的产值、利润等指标都是无本之木、无源之水。

谈到售后的客户经营，我们需要从保有客户"水库"的"入水口"即购买新车后的新客户说起。

与其他非 4S 店渠道相比，汽车经销商售后的核心优势在于车是 4S 店卖给客户的，客户与 4S 店在情感上存在一个"蜜月期"。在客户经营中，汽车经销商首先要做的就是利用这个核心优势，做好新客户的锁定经营。

如何做好新客锁定？美发行业的客户锁定方式——会员卡值得我们去借鉴。对于美发行业来说，理发这件事是客户的刚需，也是理发店最基础的项目。当新客户上门的时候，在理发的过程中，店员的核心目标不是做这单生意，而是和客户推荐店内会员卡（储值一定金额可以理发 10 次或 15 次），从而锁定这个新客户。

理发不单是刚需，而且还是周期性的、是高频的，所以只要消费者对这家店的位置和整个理发的服务过程认可，认为自己未来会来，那么很容易在办卡优惠的吸引下，办理会员卡。

对于美发店理发只是基础项目，美发店更愿意做的是烫发、染发、发质护理这样的高毛利项目。但是这类项目价格高，没有基础信任很难做。而商家与办理了会员卡、持续到店消费的客户建立了基础信任之后，这类项目的渗透就变得容易很多。

很多美发店诸如洗发、理发这样的项目目的是引流，目标是让你成为他的会员客户。在持续经营客户获得信任之后，进一步提升高利润的服务项目渗透，以及转介绍。

这就是为什么理发店的"托尼"老师总要请客户办卡，和客户熟悉了之后，总是邀请客户带太太来洗发的原因。

美发店是如何成功锁定客户的呢？

第一，选择的是高频次的刚需消费，客户认可度高。

第二，会员卡的储值金额不高，容易渗透。

第三，储值金用于指定项目（理发），确保足够的回店频次。

那么在汽车售后服务中对车主来讲最基本的刚需项目是什么呢？答案是机油。对于客户而言，买车之后就需要定期回店换机油已经是常识，而 4S 店原厂机油品质有保障也是常识。

此外，机油需求的频次高，价值感强，客户认可度高。

机油 N 次套餐是最适合我们做新客户锁定的客户黏性产品。

这个机油 N 次套餐设计多少次合适呢？

我们设计黏性产品的初衷是防止客户流失，而客户流失的高峰期在 3 年这个时间点，现在大多数车辆使用一年需要更换 2 次机油，所以我们的机油套餐最少要设计成可以更换 6 次以上。这样加上主机厂免费首次保养的一次，就能跳过 3 年这个流失时间节点。

机油套餐的内容如何设计呢？同样的资金投入下，最好的方式是只包含机油。比如 6 次机油、机油滤清器、工时费的成本，如果只做机油单项的话可以做到 8 次。这样可以起到同样投入而黏性时间更长的效果。

例如：售价 10 万元的某中端品牌私家轿车，机油单次为 150 元，如果我们设计一个 10 次机油的套餐，那么假设这台车 1 年行驶 1 万 km，保养两次，该套餐就可以锁定该车 5 年，5 万 km 的回厂。

依照行业内 10 万元中端品牌轿车保养平均 600 元的工单计算，我们可以确保 6000 元的产值收益。

例如：××汽车机油 10 次套餐

销售端：价值 1500 元的 10 次机油礼包

售后端：预存 1000 元办理 10 次机油礼包

新车销售端和售后端一起做，很容易将渗透率做起来，实现新车客户的有效锁定。

销售端机油套餐产品应该如何设计呢？

销售端的机油套餐是销售顾问在与客户进行价格沟通时的有效筹码，所以在价格上要充分考虑客户议价的心理单位。比如豪华品牌车价高，客户期望的优惠最少都是 5000 元，而中低端品牌客户期望的优惠则可能只是 1000 元。那么我们产品的价值设计一定要充分考虑这一点，大于这个数字。

同时我们可以添加一些服务性的内容，丰富产品，提升客户的体验。

案例

机油套餐

××店价值 4000 元的新车贵宾礼包，见表 2-1。

表 2-1　××店新车贵宾礼包

项目	服务内容	价值/元
全合成机油	6×200 元	1200
四轮定位	一年一次（3 年），3×200 元	600
续保基金	一年一次（3 年），3×200 元	600
轮毂镀膜	1×400 元	400
市内免费拖车救援	一年二次（3 年），6×200 元	1200

2.1.2　终身买断锁客方案

这个机油套餐的方案还可以设计成机油终身买断的产品。

例如某高端品牌机油单次需要700元，我们可以设计成一次性6800元就可以实现终身机油买断，给客户的感觉是花了不到10次机油的钱就可以终身机油免费。

这类型的车多用于商务，使用里程数比较大，客户会认为非常划算，而我们则达到了终身锁定客户的目的。

在实际方案落地中，机油 N 次套餐这样的产品经销商可以通过微信公众号后台，绑定客户微信，直接发机油抵用电子券给客户。而机油买断这类的产品就需要我们为客户提供"定制机油终身买断协议"并与客户签订协议。

案例 🌲🚗

机油终身买断套餐

××定制机油终身买断

甲方： ××汽车服务有限公司

乙方： ×××（"定制机油终身买断"服务产品 – 购买人）

甲乙双方经友好协商，就乙方向甲方购买"专属定制机油"服务产品（以下简称"协议产品"），达成以下协议：

一、协议产品内容

1）在甲乙双方约定的协议有效期内，乙方交纳人民币_____元（大写：_____）即可享受机油终身免费更换服务。

2）乙方需按照甲方规定千米数，规定时间内的维修保养周期到甲方处享受车辆的终身免费更换专属定制机油服务。

3）当乙方指定车辆发生符合本协议产品责任范围内的需要更换机油的情况时，可凭本协议到甲方处享受免费更换专属定制机油服务。

二、协议产品责任范围

本协议产品责任范围是指乙方指定车辆在甲方规定时间、规定千米数内进行常规保养更换的机油，不包括以下范围：

1）因乙方指定车辆发生事故，导致泄漏而需要补充的机油。

2）车辆在使用过程中正常损耗需要补充的机油。

3）由于更换发动机配件导致需要添加的机油。

4）由于人为原因造成泄漏或损耗的机油。

三、协议产品的费用

1）乙方自愿向甲方交纳人民币_____元（大写：_____）购买本协议产品。

2）本协议产品采用实名制，乙方应向甲方提供详细、准确、真实的个人资料和指定车辆的基本信息。

3）乙方交纳本协议产品费用后，可以要求甲方开具所缴金额的发票。

四、乙方指定车辆的基本信息

发动机号：_____；车架号：_____。

五、双方权利与义务

1）乙方到甲方处享受本协议产品的服务时，必须提供车辆行驶证，在甲方核实指定车辆无误，验车合格后，方可享受服务。乙方指定车辆为唯一车辆，不可转让给其他车辆使用。如指定车辆过户，本协议自动失效，且不再享受机油免费更换活动。

2）如因乙方所导致的机油未足额消费，则未消费部分不予退还。

3）乙方不得将车辆变更为营运性质，以及用于网约车服务，否则甲方每一个自然年，只提供两次机油免费服务。

4）考虑市场以及机油品牌商的不确定因素，甲方只保障依照乙方购买的套餐类型提供对应级别的机油。

5）本协议产品的服务不可以按照维修金额以现金或者其他方式兑现。

6）本协议产品仅由甲方提供服务，甲方不承担乙方在非甲方允许的服务商处维修所发生的费用。

7）本协议产品一经售出不予退款。

六、其他

1）凡因本协议引起的或与本协议有关的任何争议，应通过协商解决，协商不成的，任何一方均可向甲方所在地人民法院提起诉讼。

2）甲方已经就本协议的全部条款向乙方做了明确说明和充分提示，甲乙双方均已经认真阅读并理解全部协议条款的含义。

3）本协议经双方签字、盖章后生效。本协议一式两份，双方各持一份。

甲方：××汽车服务有限公司　　　乙方：×××

　　　　　　　　　　　　　　　　（"定制机油终身买断"服务产品－购买人）

授权代表：××　　　　　　　　　授权代表：

联系电话：　　　　　　　　　　　联系电话：

签订日期：　　　　　　　　　　　签订日期：　　　年　　月　　日

客户锁定方案衡量的核心指标是产品渗透率。

$$产品渗透率 = \frac{(销售新车渗透台数 + 售后进厂渗透台数)}{新车交车台数} \times 100\%$$

要以全员营销的策略，在销售端、售后端、客服端针对不同类型的客户，依照客户的需求做定制产品和定制推荐。

机油套餐这个产品要面向新车、在保客户、久未回厂客户来销售，所以在推荐的部分，我们则要根据不同的客户类型采取不同的沟通策略剧本：

客户类型：购车中沟通价格的客户

沟通态度：真诚，为客户着想

销售顾问推荐沟通话术：

"×先生/女士，您好。感谢您对我服务的认可，冒昧地问您一下，您购车之后是在××本地使用吧？"

"新车的销售只是我为您服务的开始，将来还有车辆的保养，您的这款车，常规保养一次机油是要5L，每次更换机油的费用280元。10次就是2800元。20次就是5600元。"

"我这边给您向领导申请一个我们的机油套餐，对咱来说可是'实实在在'的实惠。"

客户类型：回厂保养的客户

沟通态度：真诚，为客户着想

服务顾问推荐沟通话术：

"×先生/女士，您好。接下来您一定要听我为您介绍，来我们店的客户都会买的产品，有了此项产品，我保证您在今后的用车过程中会省下一大笔钱。下边我来为您介绍一下此项产品，定制机油终身买断产品，您的爱车，每次保养使用的机油售价×××元，现在您只需花6次更换机油的钱，价格×××元，就可以在我店享受终身免费更换机油活动。对您来说，价格便宜，机油品质有保证，维修技师专业，服务流程规范，实在是物超所值。"

客户类型： 久未回厂的客户

沟通态度： 真诚，为客户着想

客服专员推荐沟通话术：

"×先生/女士，您好。我是××店的客服专员××，这次给您打电话是有一个好消息要告诉您，我们公司目前推出一项专属机油买断活动，由于您是我们的客户，这次优先给您打电话通知您一声，且对您来说是车辆终身受益，如果您不参与这次活动，就真的是亏大了。我先来跟您介绍一下产品，产品名称为：定制机油终身买断产品，您的爱车每次保养使用的机油售价×××元，现在您只需花6次更换机油的钱，价格×××元，就可以在我店享受终身免费机油买断活动。价格非常便宜，而且4S店机油品质有保证，维修技师专业，服务流程规范，对您来说是超级合适的。"

会员制其实很早就被我们所使用，汽车行业内有关会员制的管理软件也不少，会员制的方式也很多，但是很多方式是不适合我们的，比如：

全额消费储值类。很多经销商都搞过这样的储值会员，比如存3000元返300元，存的多，返的多。这种方案的问题在于高额度储值的会员卡渗透率极低，没有量，而且如果储值额度低，有可能这钱两次就消费完了，获取真正的黏性客户的目的并没有达到。

保养买送类，效果也不好。比如保养买2送1，当你买3送1的时候，消费者会自己算账，买3送1是打七五折，买2送1是打六六折，心理会有落差。

积分折扣类。我们也有学习航空公司、银行信用卡、超市会员搞过积分，但是后来我们发现基本没有用。原因在于积分必须建立在一个大前提上——高频。一辆车每年来售后5次频率算高了吧？但和我们每周都要最少去一次的超市消费有可比性吗？搞积分客户是没感觉的，靠积分留住客户基本无效。

最后要再次强调的是，单一的售后端做会员渗透，效果一般。会员制产品一定要全员参与，如果只在售后进行渗透，效果有限。

2.2 保有客户的维系经营

行业内对于保有客户"水库"的"排水口"的管理一直是非常重视的，4S店售后部门甚至是主机厂每年都会花很多心思做流失客户的招揽，在这个部分花费的精力与成本很大，但结果并不能让人满意。

减少客户流失更有效的方式应该是防患于未然，在老客户流失之前，设计黏性产品，维护好我们的老客户。

随着车辆年限的增大，车辆在不断地贬值，车主对于车辆的投资意愿也在变小，回厂消费的时候面对服务顾问的报价难免会思考值不值得。这个时候面对非 4S 店渠道打出的价格牌，流失可能性就会变大。

关于老客户维护，我们可以去借鉴一下餐饮业消费返利的做法：

很多主打商务聚会的餐厅，比如一些火锅店，在结算的时候，往往会推荐消费者关注餐厅的微信公众号同时办一张会员卡，可以将本次消费的 10% 变成现金抵用下次的消费。

对于消费者来讲，只要对餐厅的菜品和服务满意，那么往往是不会拒绝的。接下来这张卡里就会有一笔属于消费者的钱。

当消费者下次计划吃火锅的时候，只要记起来在火锅店里还有钱，就很容易再次回店消费。

同样作为餐厅，还可以通过会员系统向消费者推送消息，比如客户生日这个月送客户生日折扣、新菜品推荐、提醒客户卡内金额，加强与客户的联系。

这个策略在餐饮业非常普遍，最早是各类纸质的抵用券，后来是给一张会员卡，现在则是与时俱进通过微信公众号来实现这个功能。

这个策略非常适合我们的老客户维系。我们很想给予一定优惠将老客户留下来，比如保养和钣金喷漆给予一定的优惠，但是我们如果一旦对外大肆宣传，那么新客户很容易有意见，也要求这样对待。

往往最后的结果是同意新客户的要求，老客户有没有成功维系不好评估，新客户这边则是实实在在的利润损失。如果不同意新客户的要求，客户会不开心给差评甚至离开。

这个方案我们不是针对所有客户的，而是给一定时间段的老客户的定制服务，同时我们完全可以针对老客户的需求在内容上增加诸如续保、自费钣金喷漆这些服务的优惠内容。

比如我们可以这样设计：

案例 1

售后贵宾卡

1）办卡费用 20 元，办理后当次现金消费的 10% 自动储值到卡内，下次进店抵用现金。

2）贵宾卡会员自费钣金喷漆享受 ×× 元特价。

3）贵宾卡会员续保享受额外 ×× 元现金特惠。

给客户的感觉是，因为您是我们的老客户，所以您实实在在地可以享受到返利的优惠，且卡内一直有您的钱在。

这个方案有以下 6 点要特别注意。

1）目标客户要明确，比如车龄 2 年以上。

2）办卡环节设计在结账环节。

3）办卡费用低于客户平均消费的 10%，让客户感觉当次花钱办卡就很划算。

4）办卡费用当作推介人员的奖励。

5）最佳的推荐人员是收银员。

6）针对目标客户的内容，绝对不要大张旗鼓地宣传。

返利卡方案在实际执行中，需要结合客服招揽，针对目标客户做统一的通知以及行动部署，以提升渗透率。

案例 2

售后贵宾返利卡

返利卡目的：避免客户流失，挽回边缘客户

返利卡目标：提高客户留存率到 ××%

目标重点客户：2018 年流失风险 A 级保养客户

执行时间：20××-×-×

活动卡内容：

1）目标客户到店基础保养 300 元特惠。

2）凡是进店客户，只需要支付 99 元，就可办理返利卡，返利卡内容如下：

客户支付的 99 元直接转入客户返利卡中，所有客户自费维修金额的 10% 返给客户供下次使用（只限本车保养维修）。

备注：返利卡的减免金额不能开具发票

客服邀约目标：目标客户的 15%

返利卡的目标：目标客户的 10%

员工内促方案：员工销售成功每单奖励 20 元

主要责任人：前台主管、客服主管、收银员

监督人：服务经理

汽车服务行业在本质上是一个靠客户关系长期维护，靠客户忠诚盈利的产业。这些年我们围绕客户忠诚度做过很多事情，诸如满意度、降价，虽然也是把客户留住的方法，但不是我们经营的核心。

我们做客户经营的核心应该是依据深度体系化的、科学化的逻辑性，从车龄、车型等多个维度做分类，找到客户的真实需求，从而去设计定制化的客户忠诚产品。

2.3　保有客户的续保经营

2.3.1　续保业务的经营方案

未来汽车经销商的定位是：能够实现信息化、智能化运营，服务于消费者本人，以消费者正在发生与即将发生的需求为导向。以代理产品结合自主开发设计的服务产品为消费者提供私人定制般的、针对性的、关于"人、车、生活"的全生命周期服务体验交易平台。

在客户经营层面，我们最理想的目标就是将更多的保有客户发展为可以为之服务始终的全生命周期忠诚客户。

要做到这一点，我们需要做更多的业务渗透，续保业务是首选。

消费者购买了新车之后，交完整车车款之后，第一个消费就是保险业务，之后才是上牌装潢，所以保险业务从严格意义上来说是新车销售之后的第一个后续服务。

在之后的用车环节中，一年一次的续保业务，车辆的保养维修、事故车的维修业务，则是我们接触客户的机会。而就与客户的联络机会而言，续保业务需要提醒客户到期、为客户测算保费、询问客户意向等，与客户沟通的频次非常高。

整个服务环节中，新车的成交客户认可我们的保险业务成为新保客户，接下来认可我们的售后服务，成为在修客户，对我们的续保服务满意，则会一直是我们的在修在保客户，在我们的精心维系下最后会成为客户池中的忠诚客户，愿意为我们转介绍或本人置换再购。

在这个理想的全生命周期业务中，保险业务是实现闭环的重要构成，续保业务则是保险业务的核心，如图 2-1 所示。

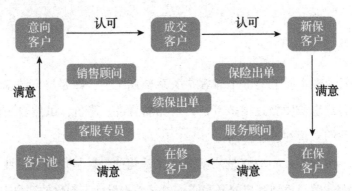

图 2-1　全生命周期业务

经销商售后产值中保险事故维修占 50%，甚至更高。保险事故维修产值取决于在保客户基盘数量。在新保业务渗透率相对较好的行业背景下，做好在保客户基盘维护，重点就在于续保业务的有效提升。

续保业务的核心生产力单元是续保专员，续保业务成熟的店续保专员的人力匹配一般会按照 1500:1 来设置。比如续保基盘客户数是 6000，则配备 4 名续保专员。

整个续保业务则围绕着核心生产力单元——续保专员展开，如图 2-2 所示。

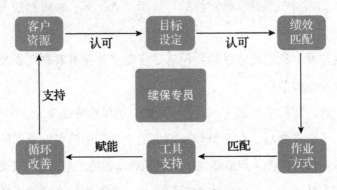

图 2-2　续保专员业务开展

1. 客户资源管理

保险经理每月月底整理 90 天后保险即将到期的续保目标客户，并依照续保目标客户信息做有效分类，见表 2-2。

表 2-2 续保客户分类

客户类型	定义
新转续	上一年在店内购买新车并在店内投保的客户
续转续	上一年在店内成功续保的客户
潜转续	非店内保险客户，但在店内有维修记录
间转续	往年续保间断战败的客户

2. 目标设定

保险经理从业务开展出发按月按人分配续保客户并制订任务，见表 2-3。

表 2-3 分配原则与目标

客户类型	分配原则与目标
新转续	上一年负责新保的专员或按比例分配，目标转化率60%
续转续	上一年负责续保的专员，目标转化率80%
潜转续	按比例分配并与服务过客户的服务顾问组队，目标转化率10%
间转续	保险经理指定分配，目标转化率10%

3. 绩效匹配

续保专员结果指标为商业险单数/商业险保费。效能指标为工作过程质量与目标转化率。

案例 1

续保专员绩效方案

续保专员绩效公式：(A + B)×管理考核评分

A 商业险险种完整渗透：续转续商业险保费总额×1.5% + 新转续商业险保费总额×2% + 潜转续、间转续商业险保费总额×2.5%

B 商业险险种不完整渗透：续转续商业险保费总额×1% + 新转续商业险保费总额×1.5% + 潜转续、间转续商业险保费总额×2%

管理考核分数：满分100分，可根据每月实际情况从以下过程指标中选取：

1）电话呼出总量。

2）有效电话呼出总量。

3）一对一微信报价沟通量。

4）保费任务达成率。

5）新转续任务达成率。

6）续转续任务达成率。

7）间转续任务达成率。

4. 作业方式

续保专员采用电话提醒保险到期、微信报价沟通的方式来进行，可依据客户需求通过线上成交出单，线下保单快递的方式实现线上全程办理。

5. 工具支持

沟通剧本。续保专员在与客户沟通中会遇到各种各样的问题，准备工作与技能的练习非常重要，而沟通剧本是非常好的工作辅助工具和技能训练工具。

案 例 2

续保业务沟通剧本

> **新转续招揽：**
>
> **使用人：**续保专员
>
> **客户筛选：**新保出单+9个月
>
> **准　备：**查询 DMS，了解客户首保情况和用车情况，有没有出险维修记录。
>
> ×先生/女士，您好！
>
> （无人介绍）我是××公司续保专员××，您去年在我们公司买了一辆××汽车，这部车的保险于×月就到期了，请问这几天您什么时间来办理续保？
>
> （有人介绍）我是××公司续保专员××，×××和我说您是他最重要的客户，他让我为您服务，办理续保的业务。

客户情况1：今年的保费多少钱？

我们按照去年您投保的险种计算，车损险×××元；第三者责任险×××元，商业险保费打×折，加上交强险×××元和车船税×××元，共计×××元。我加您微信给您出个方案发过去。

客户情况2：现在没空，下次再说吧。

那我改天再跟您联系，只是近期刚好我们在做优惠活动，×号以后就截止了，不知道您有没有兴趣听一下？

（如果客户在忙）

不好意思，打扰您了，等一下我给您发一条短信，有什么问题直接找我就可以了。下次有时间再与您联系。

客户情况3：我已经投保了。

我们最近刚推出了新的优惠政策，本来还想特意通知您一声的，既然您已经投保了，那我们还是希望以后能有机会为您服务，如果您平时有用车方面的问题，比如年审、保养、维修，也可以打电话跟我们咨询。谢谢！

客户情况4：不是还有几天才到期吗？

您也知道，保险一旦脱保，车上路行驶就没有了保障，交强险脱保还要被交警双倍处罚，甚至还要扣分，所以我们针对即将到期的客户都会做一个提醒，如果您最近这段时间有空，建议您办理一下。

我们刚刚推出一个新的优惠政策，本月续保的客户还可以免费获得价值328元的空调清洗服务，现在正好用得上，时间截至××日，这个福利我得给您争取到。

续转续招揽：

客户筛选：保险到期提前3个月

准　　备：查询DMS，了解客户保养情况和用车情况，有没有出险维修记录。

×先生/女士，您好。我是4S店的续保专员××，去年给您出的保险。您的车险就快到期了，我把今年的保险方案发给您。今年的优惠很大的。还是发您××这个微信吧？

续保异议应对：

异议：我有朋友在保险公司，找他买保险就可以了。

应对1：

您朋友在保险公司，我相信您的朋友为你推荐的方案一定是他们公司最优惠的，如果他们公司没有的优惠，他也无法提供给您。

咱们和各大保险公司都有长期的合作协议，我这边可以给您做更多的方案参考，让您对比找到最合适的。

应对2：

冒昧问一句，您的朋友在这家保险公司是业务人员呢，还是理赔定损人员呢？保险公司的营业和定损是两个相互独立的部门，如果您的朋友是在营业部门的话，那么真的发生事故的时候，他可能也很难帮到您。

应对3：

买保险买的其实是一份保障，主要的还是要看售后服务和理赔服务，现在保险行业的流失率是相当高的，万一一年内他不做了，您有什么事找谁去啊？我们是4S店，您又是我们的客户，我们售后服务是一条龙服务，如果发生意外，我们会有专人在第一时间协同我帮助您办理理赔事宜。

异议： 在4S店续保保费太贵了。

应对1： 说明销售店报价单与外面的报价单在内容上的区别

外面的报价是否包含了不计免赔条款呢？如果事故发生后您必须自行负担一部分赔款，保险公司需赔付的金额减少了，那么保费自然会比较便宜。而我们销售店向您推荐的保险，则能保障您在出险之后不会有自行负担的费用发生。

外面的报价中，车损险的保额是多少呢？我觉得对于您来说，××万元是一个比较合适的金额。若保额设定得低于这个金额的话，保费会降低，但那样属于不足额投保，理赔时无法获得100%的赔偿。

外面的报价中，商业第三者险的保额是多少呢？是否设定在20万元以上？外面有些保险公司的报价，商业第三者险保额仅设为5万元，而我们销售店为客户报价时，商业第三者险保额全都设在20万元以上，这样保费有差别也很正常。

外面的报价单里车身划痕险是否有单列呢？仅仅投保车损险的话，车身被他人恶意划损是无法得到赔偿的。而我们向您推荐的续保方案中就包含了专门针对这种情况提供保障的险种，可免去您的担心。

应对2： 强调在销售店续保的好处

我们销售店为您提供保险一站式服务，特别是有代索赔的服务。事故发生后，您只需要交齐保单及相关资料，与保险公司交涉的事情皆可由我们销售店代办，这样能节约您宝贵的时间。同时，销售店的高品质维修以及原厂零部件的使用，能够打消您的顾虑；出险之后的专人对应，会让您倍感放心。修车全程透明化操作，纯正零部件的价格也将得到保险公司 100% 的认可。

应对 3：提示在店外中小保险公司续保的缺点

以低廉保费为卖点的中小保险公司，有可能在理赔时不接受纯正零部件的价格，导致客户需要自行承担部分修理费。另外，还有可能发生将事故车辆拉到街边的修理店，使用不纯正的零部件进行修理的问题。

异议：只买交强险就行了。

应对：不买商业险是可以省下来一些钱，但是交强险只负责赔付对第三者造成的损失，而且保额比较低，第三者死亡伤残为 180000 元，医疗费 18000 元，财产损失 2000 元。而就 ×× 市来讲，死亡补偿金最低也要 ×× 万元。万一发生什么事故，您觉得仅凭交强险的赔偿够吗？

保险对于我们普通老百姓的作用其实更大，× 先生，您看我收入不高，但我第三者险都是保高金额，一旦不幸发生了第三者死亡的事故，如果死者家属向法院上诉的话，那么除了死亡补偿金之外，有可能还要赔偿子女抚恤金、丧葬费等多项费用。考虑到这些情况，购买一定保额的商业险会更踏实一些。

"工欲善其事，必先利其器"。使用续保业务的专用管理软件与录音电话设备，这些硬件设备可以帮助我们更好地提升工作效率。

6. 循环改善

保险经理以周为单位，做数据分析，及时调整店内续保促销政策，以及续保活动，见表 2-4。

表 2-4　续保业务循环改善

项目	数据说明
保险政策	合作保险公司的政策要求
市场政策	当地电销、代理公司的促销政策
客户情况	客户上一年的保险情况
战败分析	了解客户战败的原因，查找不足

2.3.2 全员续保的闭环管理

保险业务是一个整体工程，贯穿了经销商所有的业务部门，通过对基盘客户数据的有效管理，配合建立全员制的续保闭环管理，不但可以让续保业务更上一层楼，同时也可以实现全员营销，打破部门壁垒，提升整体协同作战的能力。

全员制的续保管理需要建立由店内总负责人牵头，销售、售后、保险、客服协同作战的闭环管理模式，如图2-3所示。

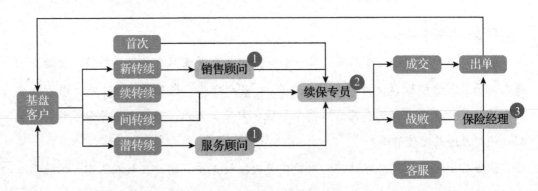

图2-3 全员续保闭环流程图

全员制续保的核心在于基盘数据的有效分类管理。保险经理将基盘客户做分类之后，不同类型的目标客户采用不同的策略。

新保部分，销售顾问与客户的熟悉程度高，且很多店的销售顾问在第一年本身就有回访客户的要求，那么在销售顾问的回访中，由销售顾问介绍续保专员给客户，让续保专员更容易实现破冰。

案 例

全员续保服务剧本

第一步，销售顾问回访客户

销售顾问：×先生，您好。我是×××的销售顾问××，您的车用得怎么样？

客　　户：挺好的。

销售顾问：对我们这边售后的服务还满意吗？您用车中有任何需要直接吩咐我就行。您的车马上该续保了，我们这边负责续保的××，和我关系特别好，我让他联系您，给您算个最低价。

客　　户：好的。

第二步，续保专员与客户联系

续保专员：×先生，您好。××让我给您算一下续保价格，他说您是他最重要的客户，让我这边给您设计一个最好的续保优惠方案。

如果方便，销售顾问还可以直接建微信群，把客户和续保专员拉到群里，在群里沟通互动，一起服务客户。

同样道理，新保客服的二保招揽的筛选条件是首保时间+6个月。这个时间段正好是保险到期日提前90天，是可以做续保保费计算出单的。客服招揽专员查询 DMS，了解客户首保情况和用车情况，有没有出险维修记录等，可以将续保专员介绍给客户。

客服招揽：×先生/女士，您好。我是咱们××4S店为客户做服务的客户专员××，上次我给您做的首保预约。

您上次是×月做的首保，已经有半年了，您的爱车这个月该做第二次保养了，您看哪天过来，我提前给您预约。

您的车辆没有出过险，您今年的保险续保折扣会非常非常大的。

我们这边做续保的×××是我的好朋友，我让她给您算一下。她到时候和您联系。

同样在修不在保这部分客户，服务顾问与客户有过接触是最熟悉的，那么在服务顾问的回访中，由服务顾问介绍续保专员给客户，也可以让续保专员更容易实现破冰。

续保专员接触客户之后，战败的部分则由保险经理做二次谈判，第一可以实现转化成交，第二可以真正了解客户不选择我们的原因。

对于最后"战败"的客户，还可以安排客服做相应回访，更好地倾听客户的声音。

在全员续保中，我们可以给销售顾问、服务顾问、客服招揽设计续保成交奖励，鼓励他们与续保专员配合。

整个续保业务中新转续是重点，很多4S店的新转续由于续保专员与客户是初次交流，且客户潜意识认为在4S店投保保险金额高，复投率做得不太好，带来了很大的客户流失隐患。

销售顾问的转介绍可以有效弥补这个缺失，同时销售顾问定期与第一年的新保客户保持稳定的沟通联络，比如季节变化关怀提醒、节日祝福等，会让客户感受到店内的关怀与服务，从而创造转介绍购车等更多的销售机会。

本章重点

1) 以"水库"的思维模型建立售后经营公式中汽车售后业务店面平均保有客户的管理理念。

2) 寻找汽车经销商自身核心优势，并设计落实新客户锁定的方案与具体的落地执行方法。

3) 售后业务保有客户的长期维系方案与具体的落地执行方法。

4) 在保客户对售后业务店面平均保有客户的重要意义，以及续保业务提升具体的方案与具体的落地执行方法。

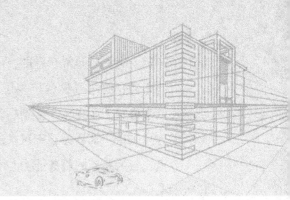

第3章 经营管理篇

3.1 售后回厂活动方案

3.1.1 季节回厂活动方案

在售后营收公式：售后服务行业年收入 = A（店面年平均保有客户量）× B（保有客户年平均进店台次）× C（平均进店客单价营收）中，B（保有客户年平均进店台次）这个要素以及 C（平均进店客单价营收）这个要素是我们售后经营管理的核心要素。

接下来我们就先看看在汽车售后业务实际经营中如何从 B（保有客户年平均进店台次）这个要素出发做经营改善。

这些年4S店售后业务感觉不好做，其最大的原因来自于现在车主使用车辆的里程数的下降。

4S店售后业务一直以来车辆回厂都是建立在车辆行驶里程上的。以前一辆车一年可以跑2万km，那么这辆车即使使用合成机油也能保证一年两三次的回厂换油。

但是随着交通的发展和出行方式的变化，现在人们车辆的使用频率在下降。一年的平均回厂保养次数已经由原来的3次直线降低到现在的1.2次。

随着车辆质量的提升，随着路况的变好，车辆故障率也在下降。这种情况就造成了整个汽车售后进厂台次的整体性下降，从而造成整个售后业绩的下滑。

车辆使用频率降低就代表没有服务需求了吗？其实不是。

现在有一个很火的名词叫作消费升级，我们的车主对车辆的要求不知不觉也在升级。很早以前我们的车辆是能用就好。现在车主是要求车辆的驾乘体验，一定要好开。

车主对车辆驾驶乘坐感受的要求越来越高，也越来越挑剔。举个例子，以前车辆的空调打开后如果有些味道，车主可能不会很介意。但是现在，如果打开空调之后车辆有了味道，车主是非常介意的，一定要处理才行。

以前车辆在使用过程中出现了一些问题，车主觉得正常，因为车辆就是会坏的，坏了那就来修呀。而现在，特别是我们在4S店工作都知道，车辆发生任何问题，对于今天的客户来讲，都认为是不正常的，往往都会一脸不爽地回来找我们讨要说法。

今天，售后业务的服务能力与客户对车辆使用越来越挑剔的体验需求之间存在着巨大的差距。

我们要做的就是将以更换机油为目的的回厂周期设计改变为以满足客户驾乘体验需求为目的的回厂周期设计。

我们再来看第二个问题，客户的流失问题。

保有基盘客户流失的高峰期在于客户车辆使用3年这个阶段，而之前我们按照行驶里程设计的保养，这个时间节点客户来厂恰恰是一个项目很多，金额相对高的大保养的服务设计。

一台使用3年的车，发动机、变速器大保养一起做，价格不低，容易造成客户流失。

在车辆行驶里程为回厂周期的策略下，客户回厂次数变少。服务顾问在产值压力下的对应策略一定是抓住每一次客户来厂保养的机会，想办法推荐更多的项目，提升单台产值，特别是对于高里程的大保养更是不能放过。

那么这样的经营策略带给客户的感受就是平常都不敢来4S店，因为只要来4S店，就要花一大笔钱。

我们将提升单台车辆利润的策略改变为提升回厂次数确保年度总利润的策略，就可以用分解的方式消灭大额工单。这将带给客户完全不同的服务体验与感受，见表3-1。

表3-1　不同策略下的客户感受

回厂策略	客户的服务体验	客户的整体感受
一年一次	换一大堆东西，很多钱	价格高，不敢来
一年多次	每次回厂都认真服务，花钱不多	价格可以接受，愿意来

如何做分解呢？

首先可以按照车辆的日常保养项目来分类，可以区分为发动机的保养、底盘的保养、变速器的保养，比如我们可以在大保养的时候将变速器保养和发动机保养分开做，见表3-2。

表3-2 车辆保养周期表

间隔（时间或里程数，以先到者为准）

项目名称		时间/月	3	9	15	21	24	27	33	36	39	45	48	51	57	63	69	72	75	81	87	93	96	99	105	108	111	117
		×1万km	0.3	0.8	1.3	1.8	2.0	2.3	2.8	3.0	3.3	3.8	4.0	4.3	4.8	5.3	5.8	6.0	6.3	6.8	7.3	7.8	8.0	8.3	8.8	9.0	9.3	9.8
发动机	定期保养	更换机油、机油滤清器、放油垫片	▲	▲	▲	▲		▲	▲		▲	▲		▲	▲	▲	▲		▲	▲	▲	▲		▲	▲		▲	▲
		清洗节气门		▲		▲			▲		▲			▲		▲			▲		▲			▲			▲	
		发动机深度换油	▲	▲	▲	▲		▲	▲		▲	▲		▲	▲	▲	▲		▲	▲	▲	▲		▲	▲		▲	▲
		发动机清洁剂	▲	▲	▲	▲		▲	▲		▲	▲		▲	▲	▲	▲		▲	▲	▲	▲		▲	▲		▲	▲
		发动机保护剂	▲		▲			▲			▲			▲	▲	▲											▲	
		更换空气滤清器		▲		▲		▲			▲				▲	▲			▲			▲						▲
		更换燃油滤清器					▲						▲					▲					▲					
		发动机氢氧除炭											▲				▲						▲					
		进气系统清洗			▲				▲								▲											
		喷油器清洗			▲				▲								▲			▲								
		三元催化器清洗														▲												
车身底盘	定期保养	四轮换位及动平衡	▲	▲					▲			▲		▲	▲				▲	▲		▲				▲		
		四轮定位		▲								▲					▲		▲									
		更换差速器油		▲									▲		▲											▲		
		更换空调滤清器	▲	▲	▲	▲	▲	▲		▲	▲	▲	▲		▲			▲			▲		▲			▲		▲
更换自动变速器油		E-CVT											▲					▲								▲		▲
		MT		▲						▲															▲			
		CVT/AT					▲											▲										▲

一辆车在春、夏、秋、冬四个季节，使用者都有不同的需求。

春天要踏青出游，夏天要空调清凉，秋天要预防雨雾，冬天要制热迅速。从客户需求出发，将我们经销商售后的所有项目重新梳理，把以前的到里程换油的返厂改变为按照车主在不同季节时段对于车辆驾乘体验需求设计的回厂，见表3-3。

表3-3　季节服务项目表

季节	为客户提供的服务项目
春	室内风道、制动系统、防虫网
夏	空调系统保养、散热系统、轮胎氮气、线束养护、远程起动
秋	室内风道、天窗清洁、车身养护
冬	防冻液、火花塞、蓄电池、发动机养护、远程起动

案例1

春季回厂活动

活动设计说明：

一年之计在于春，春季是满怀希望的季节。春季到来，气温回升，车主开始使用外循环通风，汽车风道除菌去味与空调滤芯清洁更换是这个时期消费者感受最强的项目。

春季有一个清明节假期，车主往往会在这个季节里用车出行，踏春赏花。城市家庭还会带着孩子去郊外走近大自然，增加生活情趣。

驾车出游，安全最为重要，春季活动我们可以聚焦于车辆制动系统。

活动内容设计：

活动时间：3月中旬到4月底

活动内容：A. 空调风道杀菌清洁送原厂空调滤芯

　　　　　B. 制动系统养护 + 制动液升级更换

活动布置物料清单：

编号	位置	材质	尺寸/cm	数量	备注
1	吊牌	背胶亚膜 + 亚展板 + 双面	80×50	6	根据房顶高度选择
2	门型展架	相纸亚膜	80×180	2	根据场地确定数量
3	堆头围挡	背胶亚膜 + 亚展板	10×70	2	必选

（续）

编号	位置	材质	尺寸/cm	数量	备注
4	堆头后展板	背胶亚膜 + 亚展板	107×120	1	必选
5	吊旗	旗布喷绘	30×42	6	根据房顶高度选择

活动执行：

第一部分　客户邀约

1. 企业公众号宣传 + 微信群发

企业公众号写活动内容推广文章，全员微信群发给客户。

2. 客服、服务顾问电话邀约

1）×先生/女士，您好。我是××的客服经理/服务顾问××。最近忙吗？春天后多雨，来厂给您好好检查一下底盘和制动系统吧。咱们现在针对制动系统有个很专业的升级服务活动，我感觉非常适合您！

2）清明节假期外出的车多，一定要提早预约呀，您明天有空吗？那您看具体哪天来呢？好，祝您用车快乐！

×先生/女士，您好。我是××的客服经理/服务顾问××。不知道您最近有没有使用空调，有没有注意您车内的空气质量，有没有异味？如果有异味，说明车内有细菌滋生了。车上乘员被细菌感染容易生病，特别是抵抗力差的老人和小孩。我们××售后部每年春季都会为车主提供室内杀菌去异味的服务，您明天有空吗？

第二部分　情景销售

1）接待区域与维修车间的活动物料布置，将活动产品做成堆头，放到最显眼的位置。

2）服务顾问的活动接待与项目推荐话术：

例如：制动养护项目

车轮就像人的鞋子，最容易脏，制动盘片上会有大量的油污和粉尘，会让摩擦片不稳定、不均衡。如果油污和粉尘太多还会卡滞导向销。制动系统卡滞的话，就会造成制动滞缓、制动跑偏、制动不回位的现象！为了确保行车安全，定期做制动系统养护很重要！

T6 赛车级别制动液：

T3、T4、T6 指的是制动液的标准。目前，T6 是国际最高标准了，也就是说

T6 制动液是目前国际上最高标准的制动液了。赛车上就使用 T6 制动液,所以人们也叫它赛车级制动液。安全大如天,关系到生命安全的我们一定选最好的对不对?

T6 制动液的低温黏度流动性与 T3、T4 比是翻倍的,也就是说第一脚制动在低温的情况下别的制动液效果会大大下降,而 T6 在低温的时候,它是不受影响的。

T6 制动液的润滑效果、使用寿命、橡胶适用性、抗起泡性更强。T6 制动液与 T3 和 T4 相比,它的化学稳定性更强,对制动机械无任何腐蚀。

T6 制动液具备高沸点、高湿润沸点、抗废性能好三大优势。T6 制动液能够有效地缩短制动距离 4~7m,提升 1s 的制动反应速度。

对于制动系统养护,由车间技师与客户共同试车,并做细致检查。车间技师可以用以下话术与客户交流:

轮毂里面黑黑的都是制动片磨损出的粉尘,制动部件部分更脏,这个对制动影响很大,必须清洁一下。

最近天气变暖,有没有感觉制动不太灵或是有异常声音,我给你检查一下。

我给您检查制动片时发现,里皮和外皮磨损的程度不一样,说明制动卡滞了,一定要处理一下。

我给您检查制动片时发现,左皮和右皮磨损的程度不一样,说明制动偏磨了,一定要处理。

制动液到更换里程(时间)了,该换油了,这次我建议您更换最高标准的 T6 制动液吧。

这是 T6 赛车级制动液,它比 T3、T4 能够有效地缩短制动距离 4~7m,提升 1s 的制动反应速度。涉及安全性的,一定要选最好的。

第三部分　过程管控

1)全员设定邀约目标,成交目标。建立活动专属微信群,一人成交,全员知晓。

2)技师将施工照片通过微信发给客户,同时发到活动微信群作为素材。

3)安排专人编辑活动微信群内的素材,作为宣传资料全员转发。

4)设计转发有礼的活动,邀请感兴趣的客户参与宣传。

5)每日汇总完成进度,夕会经验分享,通过 PDCA(Plan. Do. Check. Action)提升全员服务技能。

第四部分　活动执行要点

一场成功的活动除了活动主题的设计外,其成功的核心是团队有效的执行,整个执行过程需要紧紧围绕以下八个字：

【摆】把产品项目摆出来挡客户路，吸引客户目光。

【说】通过一句话销售的重复练习，让员工把服务讲出来。

【拍】用手机端水印相机 App 把为客户服务的情景拍出来。

【传】把服务情景照片传给客户，把我们的关怀传递给客户。

【发】让员工发朋友圈，让客户发朋友圈，用好社交媒体这一利器。

【汇】每日坚持做业绩汇总，数据整理，为下一步提升打基础。

【邀】通过活动邀约培训训练邀约人员，把客户请进来。

【诺】无效退款产品承诺，以人为本服务承诺，建立诚信口碑。

案例 2

夏季回厂活动

活动设计说明：

夏季到来，客户感知最强烈的就是空调冷气，空调补加、更换冷媒，空调压缩机更换润滑油保养项目，散热器、空调散热器的清洁项目都是车主的刚需。同时还有一个使用场景，白天车辆被阳光暴晒，室内温度极高，如同蒸笼一般，所以带有手机远程智能控制车辆空调提前起动的手机智能钥匙改装也有市场。

活动内容设计：

活动时间：5 月中旬到 6 月底

活动内容：A. 冷气健诊空调系统保养（空调压缩机换油保养 + 空调补加更换冷媒
　　　　　　 + 散热器、空调散热器的清洁）

　　　　　 B. 手机智能钥匙加装升级

活动布置物料清单：

编号	位置	材质	尺寸/cm	数量	备注
1	吊牌	背胶亚膜 + 亚展板 + 双面	80×50	6	根据房顶高度选择
2	门型展架	相纸亚膜	80×180	2	根据场地确定数量
3	堆头围挡	背胶亚膜 + 亚展板	10×70	2	必选
4	堆头后展板	背胶亚膜 + 亚展板	107×120	1	必选
5	吊旗	旗布喷绘	30×42	6	根据房顶高度选择

活动执行：

<h2 style="text-align:center">第一部分　客户邀约</h2>

1. 企业公众号宣传 + 微信群发

企业公众号写活动文章，全员微信群发给客户。

2. 客服、服务顾问电话邀约：

×先生/女士，您好。我是××的客服经理××。最近忙吗？夏天到了，店里正在开展清凉夏季活动，邀请您参加。我们会对冷气系统做专项检查。此外，夏季天气炎热，车辆更需要精心保养。（现在柳絮到处飞，很容易将散热器、冷凝器堵塞，造成发动机高温、空调制冷不良）所以您有空一定要来厂里，我们给您好好地检查一下车辆。

这些天气温很高，我们的车子白天被阳光暴晒，室内温度极高，如同蒸笼一般。现在我们有一个这样的改装升级项目，通过升级可以用您的智能手机来直接控制车辆空调的提前起动，这个项目目前我们搞活动，价格特别优惠，您有兴趣了解一下吗？

<h2 style="text-align:center">第二部分　情景销售</h2>

1）接待区域与维修车间的活动物料布置，将活动产品做堆头，放到最显眼的位置。试驾车安装智能手机钥匙为客户演示远程起动空调的功能。

2）服务顾问的接待推荐，项目推荐话术：

×先生/女士，您好。欢迎您参加夏季冷气健诊活动，我会安排技师××依照这张检查单，为您做细致检查。

最近我们还有一个特惠活动，升级手机智能车钥匙，升级后您可以通过手机远程控制车辆。现在气温很高，我们的车子白天被阳光暴晒，室内温度极高，如同蒸笼一般。通过升级可以用您的智能手机来直接控制车辆空调的提前起动，上车之前将车内温度降下来。

这个升级功能非常实用，升级改装的人很多，我们有升级好的展车，我带您体验一下。

3）对于空调系统养护车间技师，则可以邀请客户一起查看检查的结果，比如室内出风口温度测量的具体温度值、空调高低压的测量数值、冷凝器与散热器的实际情况。通过实际接触交流，获得客户认可，实现空调补加更换冷媒、空调压缩机更换润滑油保养项目，散热器、空调散热器的清洁等服务项目的渗透。

第三部分 过程管控

1）全员设定邀约目标，成交目标。建立活动微信群，一人成交，全员知晓。

2）技师将施工照片通过微信发给客户，同时发到活动微信群作为素材（空调系统拍成小视频效果更好）。

3）编辑活动微信群内的素材，作为宣传资料全员转发。

4）设计转发有礼的活动，邀请感兴趣的客户参与宣传。

5）每日汇总完成进度，夕会经验分享，通过 PDCA 提升全员服务技能。

第四部分 活动执行要点

一场成功的活动除了活动主题的设计，其成功的核心是团队有效的执行，整个执行过程需要紧紧围绕以下八个字：

【摆】把产品项目摆出来挡客户路，吸引客户目光。

【说】通过一句话销售的重复练习，让员工把服务讲出来。

【拍】用手机端水印相机 App 把为客户服务的情景拍出来。

【传】把服务情景照片传给客户，把我们的关怀传递给客户。

【发】让员工发朋友圈，让客户发朋友圈，用好社交媒体这一利器。

【汇】每日坚持做业绩汇总，数据整理，为下一步提升打基础。

【邀】通过活动邀约培训训练邀约人员，把客户请进来。

【诺】无效退款产品承诺，以人为本服务承诺，建立诚信口碑。

（空调泵换油保养项目可以用服务前后的车内出风口温度对比说明实际效果）

工具：夏季活动检查表

序号	内容	状态	备注
1	**检查空调系统**	无油迹　　　　　是□　　　　否□	
	室外温度	室外温度_____℃	
	系统压力平衡时的制冷剂压力	制冷剂压力_____bar	
	空调出风温度	出风口温度_____℃	
	管路压力	高压_____bar 低压_____bar	
	泄漏检查	无泄漏　　　　　是□　　　　否□	
	后风窗加热检查	无自动启动　　　是□　　　　否□	
	出风口调节开关	能正常调节及保持　是□　　　　否□	

（续）

序号	内容	状态			备注
2	**发动机舱**				
	漏油检查	正常	是□	否□	
	漏水检查	正常	是□	否□	
	异响	无异响	是□	否□	
	曲轴传感器	正常	是□	否□	
	起动发动机工作	正常	是□	否□	
	点火线圈	正常	是□	否□	
	曲轴箱通风管的连接	正常	是□	否□	
	发动机舱盖拉索	正常	是□	否□	
3	**底盘检查**				
	制动硬管和底盘的间隙检查	正常	是□	否□	
	排气管表面检查	正常	是□	否□	
	排气管和后保险杠装配配合检查	正常	是□	否□	
	制动片磨损检查	正常	是□	否□	
	制动软管接头检查	正常	是□	否□	
4	**车辆外部检查**				
	全车油漆	正常	是□	否□	
	全车饰条	正常	是□	否□	
	灯光检查	正常	是□	否□	
	前照灯高度调节及喷水检查	正常	是□	否□	
	刮水器喷水嘴安装是否牢固	正常	是□	否□	
5	**车辆内部检查**				
	音响娱乐系统功能检查	正常	是□	否□	
	导航系统功能检查	正常	是□	否□	
	天窗开关功能检查	正常	是□	否□	
	中控开关、危险警告灯开关检查	正常	是□	否□	
	转向灯开关功能检查	正常	是□	否□	
	牵引力开关功能是否正常	正常	是□	否□	
	巡航开关功能是否正常	正常	是□	否□	
	四门玻璃升降器功能是否正常	正常	是□	否□	
	后视镜折叠功能是否正常	正常	是□	否□	
	车门内饰板有无起泡、色差	正常	是□	否□	

（续）

序号	内容	状态			备注
5	后排中央扶手是否能正常开关	正常	是□	否□	
	燃油表指针是否准确显示	正常	是□	否□	
	诊断仪诊断				
6	检查各控制模块是否有 DTC（若有，应在备注中注明）	正常	是□	否□	

案例 3

秋季回厂活动

活动设计说明：

秋季是一个雨雾多发的季节，客户对车辆灯光升级、天窗排水、车身养护等项目的体验感是非常好的。同时秋季还有"十一黄金周"这个节日，车主自驾出行的需求很高，所以我们以这些服务项目作为秋季活动的推荐。

活动内容设计：

活动时间：9 月中旬到 10 月底

活动内容：A. 天窗以及车身养护

B. 灯光系统升级 + 车辆安全检查

活动布置物料清单：

编号	位置	材质	尺寸/cm	数量	备注
1	吊牌	背胶亚膜 + 亚展板 + 双面	80×50	6	根据房顶高度选择
2	门型展架	相纸亚膜	80×180	2	根据场地确定数量
3	堆头围挡	背胶亚膜 + 亚展板	10×70	2	必选
4	堆头后展板	背胶亚膜 + 亚展板	107×120	1	必选
5	吊旗	旗布喷绘	30×42	6	根据房顶高度选择

活动执行：

第一部分　客户邀约

1. 企业公众号宣传 + 微信群发

企业公众号写活动文章，全员微信群发给客户。

2. 客服、服务顾问电话邀约

××先生/女士，您好。我是××店客户经理/服务顾问××，您最近忙吗？

这段时间我们在给客户维修的过程中发现部分车辆由于长时间不清理导致天窗排水管被灰尘堵塞，造成天窗漏水，开关天窗有异响，您方便的时候打开天窗看看，有没有这种情况？

马上到国庆小长假了，您抽时间到店我们帮您检查一下，顺便给爱车做个安全出行检查，让您可以放心自驾出行。

给您预约到明天上午9点可以吗？

第二部分　情景销售

区域与维修车间的活动物料布置，将活动产品做堆头，放到最显眼的位置。

1. 动作设计

服务顾问当着车主的面开门，爬车顶检查车窗，一边检查，一边与客户交流。

2. 话术分享

车身养护套装：

这个季节开天窗比较多，树叶灰尘很容易堵塞天窗排水孔。雨水又多，就容易出现天窗漏水。如果那样损失就太大了，这个必须好好处理一下。

橡胶制品是车上最脆弱的部件。天气热，太阳的暴晒很容易让胶条开裂变色，所以我们一定要给橡胶胶条做一个养护。

新车出厂的时候，四个门的铰链，还有发动机机舱盖、行李舱的铰链都是带着润滑脂的，新车开门是没有声音的，但是时间久了之后呢，润滑脂就没有了，所以说我们开门的时候声音难听，时间长还会磨损铰链。这次我让技师给您把所有铰链上的润滑脂都给您加上。

蓄电池桩头很容易氧化，会有氧化物产生，对于整个汽车的电路系统是危害很大的，所以我们定期要给您做蓄电池桩头的养护。

车间技师在检查的时候可以用以下方式与客户沟通：

1）您看，天窗太脏了，万一堵了排水口就麻烦了，我给您处理一下。

2）您听，车开门声音不对，我给您检查一下。

3）您看，蓄电池桩头腐蚀得厉害，赶快处理一下。

4）您看，车上密封条已经老化了，赶快处理一下吧！

5）这些小活儿主要是人们嫌麻烦所以不愿意做，其实很多车主就因为这点小事花了很多冤枉钱，我给您好好处理一下。

3. 安全检查环节的情景剧本

动作	相关话术
□ 打开发动机舱盖 　手指机盖铰链 □手指发动机各部位	□ 我们已经为您爱车的发动机舱进行吹灰处理，现在已经没有明显浮尘，发动机舱盖已经清洁 □ 我们已经将您爱车的机油、制动油、助力转向油、冷却液、风窗洗涤液加到标准位置，发动机和变速器无泄漏，蓄电池正常
□ 打开后行李舱盖 　手指行李舱盖边 　缘及密封条 □ 掀开行李舱内垫	□ 我们已经为您爱车的行李舱进行清洁除尘，行李舱盖已经清洁 □ 备胎气压测量正常
□ 手指烟缸	□ 烟缸已经清洁过
□ 在前轮处 　手指轮胎	□ 四个轮胎的气压已经加至标准，嵌在轮胎上的小石子已经清除。前后制动片厚度已经检查过没有问题，请在 35000km 左右来店检查是否需要更换。底盘螺栓已紧固 □ 您的车安全性没有问题，请放心行驶

第三部分　过程管控

1）全员设定邀约目标，成交目标。建立活动微信群，一人成交，全员知晓。

2）技师将施工照片，通过微信发给客户，同时发到活动微信群作为素材。

3）编辑活动微信群内的素材，作为宣传资料全员转发。

4）设计转发有礼的活动，邀请感兴趣的客户参与宣传。

5）每日汇总完成进度，夕会经验分享，通过 PDCA 提升全员服务技能。

第四部分　活动执行要点

一场成功的活动除了活动主题的设计，其成功的核心是团队有效的执行，整个执行过程需要紧紧围绕以下八个字：

【摆】把产品项目摆出来挡客户路，吸引客户目光。

【说】通过一句话销售的重复练习，让员工把服务讲出来。

【拍】用手机端水印相机 App 把我们为客户服务的情景拍出来。

【传】把服务情景照片传给客户，把我们的关怀传递给客户。

【发】让员工发朋友圈，让客户发朋友圈，用好社交媒体这一利器。

【汇】每日坚持做业绩汇总，数据整理，为下一步提升打基础。

【邀】通过活动邀约培训训练邀约人员，把客户请进来。

【诺】无效退款产品承诺，以人为本服务承诺，建立诚信口碑。

案例4

冬季回厂活动

活动设计说明：

冬季是汽车服务的一个旺季，特别是在中国的北方。车辆的过冬保养，对于专业的汽车维修来讲是非常重要的一个工作。在我们车主的潜意识里也一定有这样一个概念，就是天气变冷，冬天到了，一定要到专业的店里去给车辆做保养。

客户关心自己的爱车冬天暖风好不好，冬天起动有没有问题、好不好着车，冬天里蓄电池和轮胎怎么样。既然客户有这些需求，我们就应该在冬天气温下降的时候给客户做一次暖心关爱的邀约回厂活动。

活动的目标客户，首先是我们各个店系统内的保有的客户。特别是对于九个月或者是六个月没有回厂的客户要作为活动的重点来进行邀约。

这次活动的目标客户也针对其他的客户。比如说我们通过我们的公众号的宣传引流，通过我们的客户转介绍、邀约来的非我们系统内的其他客户。

活动内容设计：

活动时间：12月中旬到1月底

活动内容：××冬季感恩活动

冬季关爱活动内容，是以五重礼的形式来展现的。

第一到店礼

对来到我们店里的客户，设计一个礼品。具体内容为到店客户加一元可以领取我们的冬季爱心套装。

第二惊爆礼

活动思维，到店礼是引流的，用这个引流产品把客户吸引到店里来。惊爆礼一定是新的盈利项目。那么我们这次的惊爆礼，直接锁定防冻液。

在我们北方车主的心里，冬天换防冻液是天经地义的。但是大家会发现，目前我们售后的实际情况往往是新车多，里程少，好多车辆的防冻液是没有办法说服客户做更换的。

我们在惊爆礼的这个环节推出的是一款颠覆式的产品，终生保用的全合成纳米防冻液。

我们客户对于冬天就要做冰点检查和做防冻液的检查是认同的，但是检查状态良好的防冻液是不用更换的，所以我们要做的是防冻液的升级，升级就是把普通的换成更高级的。

如果是同样的防冻液，客户认为防冻液冰点够低是不会换的，但是我们这次给客户带来的是升级版的全合成纳米防冻液。

在活动期间，我们推出常规车型花×××元即可更换成可终生使用的防冻液。

重点在于我们给客户一个概念，花×××元的材料成本就可以享受防冻液的升级。换成比普通防冻液更好的全合成纳米防冻液。

全合成机油已经给了车主良好的体验，说到全合成的，一定是好的。同样，我们全合成的纳米级防冻液是最好的。再加上终身免更换这种颠覆式的性能一定能够让我们将劲爆礼的感觉呈现给客户。

第三关怀礼

关怀礼，我们要体现关爱。我们将依照我们店内的全车检查项目，给我们的客户做标准化的冬季的全车检查。提供数字化的，标准对比性的检查结果给客户做展示。最大化体现我们的专业度和我们对于客户的认真与关爱。

第四特惠礼

特惠礼我们可以分别针对车辆到了冬天的起动、使用等问题，针对车辆的进气系统、燃油系统以及动力恢复系统这3个系统的养护项目做一个特惠。

目的是为了在客户的活动回厂中将我们的深化养护项目的渗透率做一个拉升，提升产值。

第五感恩礼

感恩礼指的就是不要钱，送给客户的。我们的感恩礼可以设计成为客户免费添加冬季风窗玻璃清洗液。给客户更换添加冬季风窗玻璃清洗液，这点是所有的店都会做的。但是同时认真地检查刮片、检查刮水器动作以及调整清洗喷口，这个过程却不是所有店都有做到的。这里要强调感恩礼这个动作一定是要严格地检查调试客户的刮水系统并展示给客户。

礼品的展示：

我们这次的雪铲跟普通雪铲不同的地方，在于我们是用手套式的。

因为我们以往做活动的时候，发现客户在使用普通雪铲过程中，手经常沾到雪，会很冷，非常不舒服。这个产品是将手套和雪铲做在一起的，方便使用，吸引力是非常大的。这个礼品我们设计为一元购买的。因为免费送的没有价钱所以客户感觉不值钱，一元购的客户会觉是一个便宜价。用一元购这个概念，让客户体验到便宜的感觉。

活动布置物料清单：

编号	位置	材质	尺寸/cm	数量	备注
1	吊牌	背胶亚膜＋亚展板＋双面	80×50	6	根据房顶高度选择
2	门型展架	相纸亚膜	80×180	2	根据场地确定数量
3	堆头围挡	背胶亚膜＋亚展板	10×70	2	必选
4	堆头后展板	背胶亚膜＋亚展板	107×120	1	必选
5	吊旗	旗布喷绘	30×42	6	根据房顶高度选择

活动执行：

第一部分　客户邀约

1. 企业公众号宣传＋微信群发

企业公众号写活动文章，全员微信群发给客户。

2. 客服、服务顾问电话邀约

　　×先生/女士，您好。我是××店客户经理/服务顾问××，您最近忙吗？

　　最近天气变化快，请您注意穿衣保暖。冬季我们为您准备了一份小礼品——除雪用的铲子，这个铲子是和手套设计在一起的，很实用。同时，店里针对冬季用车还推出一个五重礼的活动，欢迎您来。

　　您看您明天方便吗？

　　具体活动的内容我发到您微信上。

第二部分　情景销售

区域与维修车间的活动物料布置，将活动产品做堆头，放到最显眼的位置。

1. 动作设计

　　冬季活动的内容比较多，服务顾问要根据客户的实际情况做分类推荐。

2. 话术分享

　　发动机冬季深化养护：

　　1）×先生/女士，您好。咱们的店专门为您的车准备了冬季专用的保养套装，冬天到了人要保暖，您的爱车也要保养，清除积炭，保护发动机。现在店里活动有优惠，给您的车来一套吧。

　　2）×先生/女士，您好。最近天气变冷，有没有感觉发动机没有夏天的时候起动容易，而且还没有劲儿，最重要的是油耗也高了，这是因为随着温度下降，发动机的内部更容易产生积炭，燃烧不好，我们这边儿有一个动力恢复套装专门处理积炭的，省时省力省钱，不用拆发动机就能彻底清洗发动机内部积炭，恢复动力，节省燃油，来一套吧。

　　3）×先生/女士，您好。看您对车是非常爱护的，每次都用最好的机油，一定很懂车，冬天到了，发动机内部容易形成积炭，影响燃烧和动力，早上起动的时候也容易抖动，所以来一套动力恢复套装吧，彻底清除发动机内部积炭，还原发动机动力，节省燃油。

　　4）×先生/女士，您好。我们刚刚在检查的时候发现您的爱车的节气门、燃烧室的积炭特别脏，你看。建议您用动力恢复套装处理一下吧，我们正在搞活动，非常划算。

重点产品：防冻液升级

1）×先生/女士，您好。我们之前车辆使用的是乙二醇调出来的防冻液，两年就需要换，费时间费力气，如果不按时更换还容易生水锈损害发动机。而我们最新的全合成纳米防冻液不但散热好，防冻防锈，而且可以10年/30万km不用更换。一次加注，终身无忧，省时、省力，更划算！

2）×先生/女士，您好。我们的防冻液是一次加注，终生无忧。长效性是我们的全合成纳米级防冻液的产品特点，也是全合成纳米级防冻液最大的优势。和普通防冻液对比，全合成纳米级防冻液的长效性非常显著。使用至10年/30万km，131℃高温保护，零腐蚀的功效不会退化改变。

3）×先生/女士，您好。使用我们的全合成纳米防冻液更划算，花一次钱可以省出近10倍来。以车辆每月用油1000元，使用10年来算，使用全合成纳米防冻液可以节油5%，10年可省近6000元；10年中省去普通防冻液更换4次以上的费用约800～1000元，而且节省了我们最宝贵的时间。全合成纳米级防冻液对冷却系统的保护，能明显减少发动机的故障发生，减少维修次数。这些节省的费用是难以估计的。

产品对比说明：

对比项目	传统冷却液、防冻液	普通无水冷却液	全合成纳米冷却液
沸点	103～107℃，易开锅	160～190℃（汽车水温最高仅达110℃）	125～131℃，不开锅（模拟散热器压力）
冰点	10～35℃，遇寒易冻，升温慢，不易起动	遇寒黏度大，升温缓慢，不易点火	−50℃，不结冰膨胀，升温迅速，易点火
气阻气蚀	缸壁和液体接触表面产生气泡热阻和气蚀	抗泡性强，消除气阻和气蚀	抗泡性强，消除气阻气蚀
腐蚀性	易生水锈、水垢并腐蚀散热器和发动机缸壁	无锈无垢无腐，免除清洗散热器水道	无锈无垢无腐蚀，免除清洗散热器水道
散热器压力	高温时因气泡产生强大压力和阻力	冷却系统永远在无压力最佳状态工作	冷却系统永远在无压力最佳状态工作
散热性能	黏度和散热性不随温度变化，有过热顶点	黏度大，散热能力差（特别美系车水温偏高）	黏度和散热性随温度变化，消除了过热顶点
长效性	易挥发和损耗，保质期1～2年，要定期更换	不挥发，一次加入无需补充	不挥发，一次加入无需补充，30万km有效

第三部分　过程管控

1）全员设定邀约目标，成交目标。建立活动微信群，一人成交，全员知晓。

2）技师将施工照片，通过微信发给客户，同时发到活动微信群作为素材。

3）编辑活动微信群内的素材，作为宣传资料全员转发。

4）设计转发有礼的活动，邀请感兴趣的客户参与宣传。

5）每日汇总完成进度，夕会经验分享，通过 PDCA 提升全员服务技能。

第四部分　活动执行要点

一场成功的活动除了活动主题的设计，其成功的核心是团队有效的执行，整个执行过程需要紧紧围绕以下八个字：

【摆】把产品项目摆出来挡客户路，吸引客户目光。

【说】通过一句话销售的重复练习，让员工把服务讲出来。

【拍】用手机端水印相机 App 把为客户服务的情景拍出来。

【传】把服务情景照片传给客户，把我们的关怀传递给客户。

【发】让员工发朋友圈，让客户发朋友圈，用好社交媒体这一利器。

【汇】每日坚持做业绩汇总、数据整理，为下一步提升打基础。

【邀】通过活动邀约培训训练邀约人员，把客户请进来。

【诺】无效退款产品承诺，以人为本服务承诺，建立诚信口碑。

3.1.2　节日回厂活动方案

汽车对于车主来说不仅仅是一个工具，车主对汽车往往满怀真挚的情感。人们经常将"爱车"这个词挂在嘴边。想想看能这样来称呼的还有哪些？我们将人生伴侣称为"爱人"。我们将喜爱的宠物犬称为"爱犬"。我们却没有"爱手机""爱电脑""爱电视"这样的称呼。汽车在消费者心中独特的情感地位显而易见。

节日是人们情感最浓郁的时候，很多商品在节日被赋予了更多的意义。比如巧克力在情人节就不仅仅是一种食品，而是变成可以表达爱的礼物。

在回厂活动设计上我们要将之前的服务于车转变为服务于人，从消费者的情感需求出发，结合节日比如中国人最重视的春节去设计对应的活动内容。

这是我们在回厂活动中所设计的四季服务和节日服务的底层逻辑。在整个年度的售后经营中我们可以将春、夏、秋、冬加春节这五次回厂固定下来，然后再依据经销商自己的情况加如自驾游之类的回馈客户的活动。

案例

"开好车，过福年"春节活动

活动设计说明：

春节是中国老百姓最重要的一个节日，俗称"过大年"，过年要回家、要置办年货，要走亲访友，近几年国家还出台了过年期间高速公路免费的政策。

春节不但是一个用车的高峰期，而且这个节日寄托了人们的诸多情感。

消费者在春节期间的消费心理就是要好的，所以我们可以把服务活动命名为"开好车，过福年"。那对于车主来说什么是好车呢？

动力十足，一路跑回家、干干净净，开车有面子，对于车主来说很简单，好车就是这个样子。

活动内容设计：

活动主题：××开好车，过福年

活动时间：春节前45天

活动内容：

A. 春节期间来厂消费满××元送年货礼品（成本××元），提升客单价的同时送上我们的一份心意。

B. 确保客户出行平安顺利，车况好才好回家过年，推出发动机动力恢复套装，发动机节气门、油路、气路清洗的特惠销售。

C. 对应车主春节期间的需求，推出车辆的内饰清洗以及发动机舱清洗作业。

活动布置物料清单：

编号	位置	材质	尺寸/cm	数量	备注
1	吊牌	背胶亚膜+亚展板+双面	80×50	6	根据房顶高度选择
2	门型展架	相纸亚膜	80×180	2	根据场地确定数量
3	堆头围挡	背胶亚膜+亚展板	10×70	2	必选
4	堆头后展板	背胶亚膜+亚展板	107×120	1	必选
5	吊旗	旗布喷绘	30×42	6	根据房顶高度选择

活动执行：

第一部分　客户邀约

1. 企业公众号宣传 + 微信群发

　　企业公众号写活动内容推广文章，全员微信群发给客户。

2. 客服、服务顾问电话邀约

　　×先生/女士，您好。我是××的客户经理/服务顾问××。

　　马上过年了，您计划长途旅行吗？

　　为了让您年前年后用车更安全放心，请您来厂参加我们的活动，春节感恩回馈对老客户优惠很大。

　　年前保养的车多，您一定要提早预约好再来，您看明天有空吗？那您看是 18 号还是 19 号呢？好，祝您新年快乐！

第二部分　情景销售

区域与维修车间的活动物料布置，将活动产品做堆头，放到最显眼的位置。

1. 动作礼仪

　　春节期间与客户沟通中多用拜早年的礼仪动作。结合店内布置，烘托节日的氛围。

2. 话术分享

　　服务顾问的产品推荐：

　　节气门清洗：节气门是发动机的喉咙，是给发动机输送干净空气的，而加速踏板控制的是节气门的开度，一旦有积炭，就像卡了"脖子"喘不过气，导致发动机进气量不够。节气门堵塞 15%，则发动机动力下降 50%，加速没劲，费油。冬天形成积炭的速度特别快，是夏天的三倍以上，所以一定要及时清除。

　　油路清洗：发动机去积炭是非常重要的，燃烧室就是发动机的心脏，是油气混合工作的地方，四气缸车的气缸就相当于人的 4 个心房。一旦有了积炭，就像人的心脏里有脂肪一样，脂肪一多，最终就是心梗。供油系统里面有积炭很可怕，比如喷油器只要堵 $6\mu m$ 就会降低 26% 的喷油量，而且直接影响雾化，此外积炭像海绵一样会吸走油，使发动机的混合气过稀，导致发动机故障，供油不畅，起动困难，费油。一旦发动机有了积炭，那么就会像癌细胞扩散一样，最终导致发动机爆燃、顶气门。所以说，为了保证汽车在冬季能够行驶顺畅，必须对发动机的气路和油路进行彻底的去积炭清洗。

动力恢复套装：

我推荐您使用动力恢复套装，这个套装能够彻底恢复发动机动力，不但清洗了节气门，而且还把气路和油路的积炭彻底地清理干净，还能够去除发动机油箱里的水分，提升汽油品质，让您的爱车更节油。

车间技师在检查车辆过程中的推荐：

1）×先生/女士，您好。咱们的店专门为您的车准备了冬季专用的保养套装，冬天到了人要保暖，您的爱车也要保养，清除积炭，保护发动机。给您的车来一套吧。

2）×先生/女士，您好。最近天气变冷，有没有感觉发动机没有像夏天那样起动容易，而且还没有劲儿，最重要的是油耗也高了，这是因为随着温度下降，发动机的内部更容易产生积炭，燃烧不好，我们这边儿有一个动力恢复套装专门处理积炭，省时省力省钱，不用拆发动机就能彻底清洗发动机内部积炭，恢复动力，节省燃油，来一套吧。

3）×先生/女士，您好。马上过年了，您的车也跑了一年啦，新年给它呵护一下，让它清洁一下积炭，恢复一下动力吧。

4）×先生/女士，您好。看您对车是非常爱护的，每次都用最好的机油，一定很懂车，冬天到了，发动机内部容易形成积炭，影响燃烧和动力，早上起动的时候也容易抖动，所以来一套动力恢复套装吧，彻底清除发动机内部积炭，还原发动机动力，节省燃油。

5）×先生/女士，您好。我们刚刚在检查的时候发现您的爱车的节气门、燃烧室的积炭特别脏，您看，可以用动力恢复套装处理一下。

第三部分　过程管控

1）全员设定邀约目标，成交目标。建立活动微信群，一人成交，全员知晓。

2）技师将施工照片，通过微信发给客户，同时发到活动微信群作为素材。

3）编辑活动微信群内的素材，作为宣传资料全员转发。

4）设计转发有礼的活动，邀请感兴趣的客户参与宣传。

5）每日汇总完成进度，夕会经验分享，通过 PDCA 提升全员服务技能。

第四部分　活动执行要点

一场成功的活动除了活动主题的设计，其成功的核心是团队有效的执行，整个执行过程需要紧紧围绕以下八个字：

【摆】把产品项目摆出来挡客户路，吸引客户目光。

【说】通过一句话销售的重复练习，让员工把服务讲出来。

【拍】用手机端水印相机 App 把我们为客户服务的情景拍出来。

【传】把服务情景照片传给客户，把我们的关怀传递给客户。

【发】让员工发朋友圈，让客户发朋友圈，用好社交媒体这一利器。

【汇】每日坚持做业绩汇总，数据整理，为下一步提升打基础。

【邀】通过活动邀约培训训练邀约人员，把客户请进来。

【诺】无效退款产品承诺，以人为本服务承诺，建立诚信口碑。

3.2　定制服务方案

3.2.1　提升客户体验的定制服务

4S 店售后的核心指标是进厂台次。这个指标一直是我们服务经理最为关心的。但是这些年我们一线的售后人员都明显感觉到现在的回厂邀约工作是越来越难做。我们客户对于我们售后的回厂邀约电话，变得越来越反感。

我们的一线服务顾问，对于一些售后项目，特别是售后养护品的销售任务感觉也是越来越难，面对客户的拒绝甚至都存在有抵触情绪。

要给我们的客户提供什么样的服务呢？如何能够让我们的顾客不再拒绝我们呢？这是摆在我们所有的售后管理者面前的一个问题。

先说邀约电话的问题，我们售后的邀约为什么邀约不来客户呢？

我们在一线实际中，现在所有售后回厂的邀约形式，都是这样操作的：部门或公司出一个方案，然后针对我们所有的客户，由客服部或服务顾问针对基盘客户做一遍邀约。邀约形式首先是电话，然后以短信和微信做补充。

我们的方式是面对所有客户的全面邀约，这种全面邀约的情况下必然会出现一个问题，那就是很多我们的活动方案或邀约内容，即使我们设计得再好，对于一些客户来讲都可能是不适合的，或者说是没有价值的。

如果活动内容对客户毫无价值，那么以这样的内容我们去直接推给客户，对于客户来讲就是一种骚扰。

4S 店刚刚开始的时候，客户对于我们的电话回访和邀约是非常认可的，认为我们服务好，负责任。但是十几年过去了，在信息泛滥的今天，客户早就被无休止的各种推送信息搞得很是不舒服了，客户对于我们频繁联络的感受，可想而知。

在我们的售后经营中，如何让客户不讨厌我们的邀约？我们需要重新定位思考。

如果我们想提升活动邀约的成功率，那就必须将我们的内容做好，让我们的客户感觉到给他的推荐是有价值的，而不是骚扰。

再说一下另外一个来自服务顾问推荐项目的问题。

服务顾问在服务客户现场的是经历着这样一个实际状况：

管理层为了项目产值，必定要求渗透率指标，在服务顾问端口则是要求开口率指标。于是，在以完成开口率指标为目标的情况下服务顾问就要不断地和客户讲，要每一个客户都说。

不管客户有没有需求，我们一线的员工都在讲。那么在这种情况下呢，顾客必然就会多次地拒绝我们的服务顾问。

这种情形下服务顾问整天都要面对顾客不停地说不，不断地被拒绝，本身就很痛苦。那么考核开口率指标这件事情，也就变成一件很痛苦的事情。

在一些管理层要求开口率指标很极端的店，会给服务顾问配录音笔，再安排专人检核。结果是，我们的服务顾问就自说自话，甚至跟我们的客户说："我们公司有考核，那一会儿我要讲的都讲到，您如果不需要，您可以不做，但是呢，如果我不录音，公司会扣我的钱。"

那么大家想象一下，这种服务场景给客户的感觉是什么？

客户会觉得这个企业是一个腐朽的企业，是一个非常死板的没有人情味的公司。我们做的是服务业，如果把这种感觉带给客户，那么客户对我们的印象会是糟糕至极。

我们必须有一个改变。

这个改变，就是要将我们面对所有客户的项目邀约变成我们要为具体的有需求的客户，提供定制的服务。

那具体应该怎么做呢？我们可以去利用我们现有的厂家的 DMS，用这个系统来赋能我们的接待工作。

首先，每一台进厂的车子，我们都要做严格的全车检查，随后我们要将我们检查的结果，特别是下次建议项目严格地录入我们的电脑系统。

现在几乎我们所有的 DMS，不管是哪个主机厂开发的，都有一个非常好的功能，就是我们可以把前一个工作周期内所有的检查车辆的大数据，汇总出来。

根据这个大数据，我们基本上可以确定出在这些车辆中有百分之多少的车辆分别有什么样的状况？需要什么样的针对性的服务？

那么接下来我们就根据这个大数据，针对我们前一段时间，需求量最大的几类车，分别对这些车主需要的服务做定向邀约。

比如：我们在上一周发现我们检查的 200 台车里有 15 台车，制动系统的制动片变薄了。那么我们在下一个周期就可以制定一个活动，为这 15 台车对应的客户，做定向邀约。

我们邀约的内容呢，可以这么设计：

"×先生/女士，您好。我是××的服务顾问××，我们公司这周有一个回馈客户的特惠服务，就是更换制动片，我们的工时费打折，并且赠送价值 280 元的制动养护。上次我接待您，给您检查车的时候呢发现您车的制动片薄了，所以公司这个活动一出来我第一时间就想到您了。我赶快给您打电话，您看什么时候可以来？"

大家想想看，这样的一种方式是不是能够让客户，感觉到服务顾问对于他车辆的用心服务，同时这样的方式是不是也能够让服务顾问的邀约变得更为有效？

我们退一万步来讲，即使客户拒绝了服务顾问，那他也一定要跟我们的服务顾问道声"谢谢"的，而不是很粗暴地拒绝。

现在各个店的服务顾问除了正常接待客户的工作，基本上都是要去做客户的维系工作。因为相比客服人员的陌生拜访式的招揽，与客户见过面有过印象的服务顾问的维系效果会更好。

我们应该去设计出这样的对应沟通方案来为客户提供定制式邀约。

3.2.2　定制服务方案的落地执行

实际落地执行我们分三步走：

第一步落实车辆数字化全车检查单，制订新增项目追加原则，并将检查结果数据以及最后的处理结果录入系统。

首先我们应该设计出对应不同车型的专属检查单，一些豪华品牌的车辆检查单内容是每台车都不同的，也就是说在做车辆检查的时候，已经是定制的了。

就和医院体检时不同年龄不同性别的人检查的项目不同一样，不同车型不同车龄的车辆检查单也应该是差异化的定制单据。车辆检查和我们去医院体检是一样的，都应该是定制化的。

每一张定制检查单，都应该机打出客户的车牌、里程、车型，让客户感觉到服务的专属性与我们的专业度。

在服务过程中服务顾问和车间技师要做到四个100%：

"逢车必开"对进厂车辆服务顾问100%开立检查单。

"逢车必检"维修班组100%落实检查单检查工作。

"交车必讲"落实服务顾问100%讲解检查结果。

"有果必录"检查处理结果服务顾问100%录入系统。

这种服务方式好处显而易见，首先在这个服务过程中可以帮助服务顾问更好地完成维修项目追加作业。

在追加项目时需遵循以下3点：

1）安全第一原则：有安全顾虑的项目优先。要区分有立即危险、必须注意与必须重视等级，如确属有立即危险而车主仍不愿修理时，应在工单上填注"车主不修理"字样，礼貌地请顾客签名，力劝车主不能掉以轻心，并在系统上登记，下次再次提醒客户。

2）避免损失扩大原则，有扩大损失的风险的项目居于安全项目之后。服务顾问可以采用比较法的方式向顾客建议"花小钱省大钱"，如更换老化水管费用不过数百元，若因损失扩大而造成发动机过热，导致必须换总成或做大的维修，则会损失几万元，这些内容一定要和客户说明。这类的追加项目获得车主同意的概率很高，也最容易获得消费者的信任与满意。

3）适当建议维修，提到但不强求。车辆外观如涂装或车身件破损、制动片磨损但未达到极限等，可适当地建议顾客是否要处理，但不要有强求的意味。服务顾问应依车主的身份、用车习惯、车龄、车况和车价等因素来考虑拿捏，再适当地建言。

进行细致的车况检查，用意是确认车辆现况，防止未来可能的争端与避免无谓损失。积极的专业服务顾问会借此机会与客户沟通，在获得客户认可的前提下以创造业绩。

在进行项目追加而与客户联系时，还应注意下列细节：

1）告知顾客确实追加金额，并以一次报价为原则，请勿分次说明，造成顾客不便与误解。

2）维修项目追加时，必须告知顾客交车时间是否延后。

3）所有追加项目所更换的旧品应妥善保存，以利于向顾客说明。

4）提早通知车主追加事项，便于顾客做提早安排。

5）在接车前，务必确认车主可联络电话，以方便追加时联络。

6）对于保险件拆后再议部分，应主动向客户以及理赔人员说明，可以获得诚信的肯定，增加未来行事的便利性。

7）追加要求应由现场技师主动提出，不能取而代之，否则极易引起不必要的争执与反感。

8）遇有较不确定的追加因素，应保留运作弹性空间。

9）追加内容若已确定，应通知相关人员，包括承修技师、零件人员、续修技师等。

10）追加联系须尽早完成，避免造成现场停工等待情况。

11）对于容易引起争议而又无法实时联系到车主的案件，必须保留现状直到车主同意，但须注意记录与车主联络时间、方式，以取得车主谅解。

服务顾问依照全车检查的结果做追加项目时，对于客户的选择要尊重并理解，对于客户选择暂时不处理的以及虽然我们检查了出来，但这次还不需要立刻更换维修的项目，服务顾问要细致及时地录入 DMS，这些录入内容将为之后的定制邀约服务做准备。

为确保这个部分的落实，在管理中我们需要设计工单细项检核表，对服务顾问每日实际作业做统计检核。

第二步，以确定的周期，对前一个周期来厂的车辆检查的数据做汇总分析。

当我们落实好第一步的信息录入之后，DMS 里就有了车辆的健康大数据，我们定期导出，就会得到一个关于来厂客户车辆的车况大数据报表。

比如，我们可以设定一个月为一个周期，去分析前一个周期客户车辆的车况问题点集中在哪里？这个分析报告对于我们的服务改善、经营方案的设计意义重大。

当我们不断周期性地汇总数据，最后就可以得出一张保有客户车况的分析数据，找到保有客户的服务机会点，从而有的放矢制订出符合客户需求的营销活动方案。

这个任务需要由服务经理来完成。

第三步，依照客户需求做定制服务邀约方案包。

当我们有了保有客户车况的健康档案的时候，就可以分析出各个车型车龄的保有客户对应的服务渗透机会点，我们将这些机会点汇总，并分别制订出对应的邀约优惠方案，给到服务顾问。

服务顾问在进行具体客户邀约的时候，就可以根据客户的实际需求，依照提前设计好的优惠方案去邀约客户，从而为客户提供定制式服务，获得客户的认可。

案例

定制服务邀约方案包

涉及个人及车辆安全的事项（更换类）

1. 轮胎定制邀约

数据测量： 0.5mm 需注意，0.3mm 需更换（使用胎纹深度尺）

外观检查： 轮胎鼓包，开裂，割伤

危　害： 抓地下降，影响制动，有爆胎风险

定制特惠方案： 本月轮胎特价，轮胎买三送一、更换轮胎送四轮定位

邀约话术：

　　×先生/女士，您好。我是××的服务顾问××，我们公司这周有一个回馈客户的特惠服务，就是关于车用轮胎的一个大优惠活动。上次我接待您，给您检查车的时候呢，发现您车的轮胎已经快磨损到极限了，公司这个活动一出来，我第一时间就想到您了，所以我赶快给您打个电话，您看什么时候可以来？

2. 蓄电池定制邀约

数据测量： 冷起动电流低于 260A·h 建议更换（蓄电池检测仪）

危　害： 起动不了，严重影响生活工作

定制特惠方案： 本月蓄电池特价×××元

邀约话术：

　　×先生/女士，您好。我是××的服务顾问××，我们公司这周有一个回馈客

户的特惠服务，就是关于车用蓄电池的一个大优惠活动。上次我接待您，给您检查车的时候呢，发现您车的蓄电池寿命已经不足×%了，公司这个活动一出来，我第一时间就想到您了。所以我赶快给您打个电话，您看什么时候可以来？

3. 制动片定制邀约

数据测量：标准11mm 使用极限1.6mm（使用游标卡尺、制动片测量器）

危　　害：制动片失效，危及生命

定制特惠方案：本月更换制动片送价值280元的制动系统养护

邀约话术：

　　×先生/女士，您好。我是××的服务顾问××，我们公司这周有一个回馈客户的特惠服务，就是更换制动片送价值280元的制动系统养护。上次我接待您，给您检查车的时候呢，发现您车的制动片薄了，公司这个活动一出来，我第一时间就想到您了。所以我赶快给您打个电话，您看什么时候可以来？

4. 制动盘定制邀约

数据测量：标准25mm，使用极限23mm，跳动量<0.04mm（指示表）

危　　害：影响制动，延长制动距离，制动抖动

定制特惠方案：本月更换制动盘送价值280元的制动系统养护

邀约话术：

　　×先生/女士，您好。我是××的服务顾问××，我们公司这周有一个回馈客户的特惠服务，就是更换制动盘送价值280元的制动系统养护。上次我接待您，给您检查车的时候呢，发现您车的制动盘磨损到极限了，公司这个活动一出来，我第一时间就想到您了。所以我赶快给您打个电话，您看什么时候可以来？

5. 火花塞定制邀约

数据测量：电极间隙0.70~0.75mm（测量工具：塞尺）

危　　害：车辆提速慢，车辆动力下降，油耗高。

定制特惠方案：本月××火花塞特价×××元

邀约话术：

　　×先生/女士，您好。我是××的服务顾问××。我们公司这周有一个回馈客户的特惠服务，××火花塞特价×××元。上次我接待您，给您检查车的时候呢，发现您车的火花塞马上需要更换了，公司这个活动一出来，我第一时间就想到您

了。同样的配件现在换可以节省×××元。所以我赶快给您打个电话，您看什么时候可以来？

6. 变速器油定制邀约

数据指标： 行驶里程 4 万 km

危　害： 车辆传动系统主要部分，长时间不换容易造成换档抖动，严重的导致变速器损坏

定制特惠方案： 本月更换变速器油送变速器抗磨剂

邀约话术：

　　×先生/女士，您好。我是××的服务顾问××，我们公司这周有一个回馈客户的特惠服务，更换变速器油送价值×××元的变速器抗磨剂。上次我接待您，给您检查车的时候呢，发现您车的变速器油需要马上更换了，公司这个活动一出来，我第一时间就想到您了。所以我赶快给您打个电话，您看什么时候可以来？

7. 制动液定制邀约

数据指标： 使用 2 年或者行驶 4 万 km（含水量报警制动液专用工具辅助测量）

危　害： 延长制动距离，制动跑偏，危及安全。

定制特惠方案： 本月更换制动液送价值 280 元的制动系统养护

邀约话术：

　　×先生/女士，您好。我是××的服务顾问××，我们公司这周有一个回馈客户的特惠服务，更换制动液送价值 280 元的制动系统养护。上次我接待您，给您检查车的时候呢，发现您车的制动液需要马上更换了，公司这个活动一出来，我第一时间就想到您了。所以我赶快给您打个电话，您看什么时候可以来？

8. 防冻液定制邀约

数据指标： 使用 3 年或行驶 5 万 km（冰点降低，冰点测试仪）

危　害： 车辆冷却系统性能的好坏，冰点不是唯一的判定标准，防冻液长时间不更换容易引起乙二醇结垢，造成水循环堵塞，影响发动机散热

定制特惠方案： 本月升级更换防冻液特价×××元

邀约话术：

　　×先生/女士，您好。我是××的服务顾问××，我们公司这周有一个回馈客户的特惠服务，升级更换防冻液特价×××元。上次我接待您，给您检查车的时

候呢，发现您车的防冻液需要马上更换了，公司这个活动一出来，我第一时间就想到您了。所以我赶快给您打个电话，您看什么时候可以来？

9. 发电机传动带定制邀约

数据指标： 使用 4 年或行驶 6 万 km

外观检查： 传动带有裂纹

危　　害： 传动带是发电机、压缩泵等元件的动力来源，橡胶材质，要定期检查，防止断裂造成汽车发电系统、空调系统失效。

定制特惠方案： 本月更换传动带送价值××元的线束保护

邀约话术：

　　×先生/女士，您好。我是××的服务顾问××，我们公司这周有一个回馈客户的特惠服务，更换传动带送价值××元的线束保护。上次我接待您，给您检查车的时候呢，发现您车的发动机传动带出现裂纹，需要马上更换了，公司这个活动一出来，我第一时间就想到您了。所以我赶快给您打个电话，您看什么时候可以来？

在售后的工作中邀约方案包的设计与邀约实践这项工作要成为周期性不断提升总结的一项工作。

3.3　事故车业务经营方案

　　4S 店售后事故车业务占据着半壁江山，事故车业务不但是提升售后盈利的关键，同时事故车业务是 4S 店保险业务服务的重要的环节，所以也是基盘客户维系经营的核心。

　　具体保险业务如何经营，见表 3-4。

表 3-4　保险业务的环节与策略

环节	策略
1. 投保规模	销售顾问新保的 100% 渗透，续保专员的续保目标确保达成
2. 合作协议	优选保险公司，以保费分配为筹码，高层沟通，争取最大利益
3. 事故信息	确保保险公司信息的推送量，经营客户的主动联系
4. 事故留修	以事故外拓服务实现客户留修

（续）

环节	策略
5. 定损理赔	事故理赔服务顾问对接保险公司定损理赔，并对客户做出服务承诺
6. 事故维修	车间维修质量与维修速度的有效管控
7. 满意交车	事故理赔服务顾问负责赢得客户满意认可

3.3.1 事故车业务前期环节

事故车业务的前期工作包括投保规模、与保险公司的合作、事故信息的推送三个环节。

投保规模这个环节的关键是做量，经销商新车投保保费和续保的保费规模直接决定了保险公司的佣金和送修量。

4S 店的策略是销售顾问新保的 100% 渗透，续保专员的续保目标确保达成。

新保部分重点 KPI 为新车投保率和新保险种完全渗透率。

$$新车投保率 = \frac{新车商业险投保台数}{本店本地销售台数} \times 100\%$$

$$新保险种完全渗透率 = \frac{全险种投保台数}{新车商业险投保台数} \times 100\%$$

全险种投保可由实际情况自行定义：比如车损险、三者险 50 万元以上、车上人员险、车身划痕险齐全。

续保部分前文已有说明，不再赘述。

合作协议这个环节，首先要根据我们的经营规模优选合作的保险公司，一般情况下是送修能力强的大型的保险公司与返佣高的小保险公司相结合，根据我们的保费规模设计合作的保险公司数量。

合作沟通中保费返佣、送修比例、维修配件、钣喷工时费用的价格是我们 4S 店的核心关注点，见表 3-5。

表 3-5 保险公司合作政策评估表

保险公司	佣金	送修比	工费	配件折扣
保险公司 1				
保险公司 2				
保险公司 3				

依照保险公司的政策综合考虑匹配对应的保费规模。

事故信息是事故维修业务的第一步，信息来源包括险公司返修与送修、事故的外拓、客户主动联系。

保险公司的返修与送修是以推修信息为基础的。保险公司在出单的时候系统会挂一个渠道代码，这个代码决定了，事故发生后该车的推修信息发到哪里。

有的保险公司系统是智能选择代码，有的则是人工选择代码，很多时候我们发现自店的保险车辆出险后，却没有返修信息，往往都是出单的时候没有正确维护好这个渠道代码造成的。出单时，要求出单员每一单核对渠道代码并截图保存。

保险公司的送修则是保险公司为完成合作协议的维修业务金额，将其他渠道投保的非本店投保的车辆事故信息推给我们，并建议客户来店里维修。

保险公司的返修与送修要做到每日核对，这是4S店监督保险公司日常返修送修的重要手段，可以建立专用微信群，服务经理、事故外拓专员、事故服务顾问，以及合作保险公司的经理和相关工作人员进群。

我们还可以每周通过回厂维修车辆和推修信息的匹配，检核保险公司有没有车辆出险后未提供信息的情况。

事故的外拓带有浓厚的地区色彩，差异比较大。信息来源于事故车停车场、事故科警察、保险公司人员、公估公司人员等渠道。4S店得到线索后与线索提供者、出险车辆车主沟通协商，最终达成车辆进厂维修的目标。

最后一个部分是客户的主动联系，这个部分是我们最应该去用心经营的。本人在十多年前就设计过事故保姆服务机制，目的就是通过服务客户获得客户认可，从而实现客户出险后的主动联系。

经营好客户的主动联系对于我们经销商意义重大：

在双方事故中，如果我们的车辆是主车，那么依靠保险公司进行事故信息推送是可以的。但是如果我们的车辆是三者，由主车保险公司赔付，那么这个信息是无法确保到达店内的，很多时候会被主车保险公司推荐到他的合作维修单位。而如果是客户的主动联系，则可以做到线索的100%传递。

雪中送炭好过锦上添花。事故发生，不论是撞到别人还是被别人撞到，客户的正常工作生活都受到影响，都有损失，这个时候就是最能体现我们服务价值的时候。

保险保姆服务机制就是设立专业的事故理赔顾问，并在接到客户出险信息之后，第一时间通过电话或直接到现场为客户提供，诸如报案指导、事故手续办理等一系列的服务。我们就像保姆一样为客户提供整套的服务。

保险保姆这个岗位要求从业人员具备专业知识，工作积极、待人热情。

3.3.2　保险留修的提升方案

事故留修是4S店服务的真功夫，也是决定事故车业务的关键。

1. 与合作保险公司的高效合作

合作保险公司出险报案短信至少留店内两个手机号，其中一个交给事故外拓专员使用，另一个交给监管人员（服务经理、保险经理）。事故外拓人员接到信息之后第一时间与客户联系，而监管人员则监督检核事故外拓专员有没有第一时间与客户联系，有没有及时为客户提供服务，正常邀约出险客户进厂。

公司内部设立事故沟通的微信群，邀请事故外拓专员、服务经理、保险经理以及相关可以提供线索的人员入群。如果有事故线索则第一时间发布到群里，提升信息交流效率。

2. 建立与客户的高黏性联系

案 例 1

保险保姆机制

由事故外拓专员、保险理赔服务顾问为客户提供保险保姆的专属服务。在新车交车环节，设计销售顾问介绍保险保姆制度，介绍事故外拓专员、保险理赔服务顾问与客户见面。

设计保险保姆卡通标志，制作印有保险保姆联系方式的物料，交强险标识静电贴，行驶证皮夹，车用防滑垫。

请客户用手机记录保险保姆专用手机号，添加保险保姆微信号。

保险保姆的尊贵服务介绍：

（1）尊贵服务包

为出险客户提供私人物品收纳袋，急救包，冷/热饮料、手电筒、军大衣，雨伞、一次性雨衣、代步车服务。

（2）保险保姆服务步骤

1）第一时间赶到现场。

2）到达现场后第一时间安抚客户并送上冷/热饮料。

3）辅助客户办理事故认定。

4）提供拖车以及客户本人接送服务。

5）与客户保持紧密联系，直到车辆修好服务结束。

交车中销售顾问介绍保险保姆服务的话术：

销　售　顾　问：×先生，您好。我们为每一位尊贵的××车主，提供保险保姆服务。未来您用车过程中，万一有个磕磕碰碰，我们会安排专人为您提供私人管家式的保姆服务。

事故外拓专员：×先生，您好。我是×××，恭喜您成为××的车主。未来由我为您服务。我就是您的私人管家了，我将为您提供事故救援、出险报案、定损理赔的服务，开车难免有个磕磕碰碰，这是我的电话，关于保险事故方面有任何问题，请您第一时间联系我。

案例 2

事故线索全员激励机制

保险业务是非常适合做全员营销的业务，不但续保可以，事故线索也可以设立全员制的激励方案。

1）非事故理赔岗位员工在路上发现事故车辆，或通过其他途径得知事故信息，将事故现场照片（可辨认车牌号码），或车辆的有效线索，如车牌号、出险位置等相关信息提供给保险业务负责人。

2）客户打电话或微信通知非事故理赔岗位员工，员工将信息截图发到公司微信群，并将车主信息发给保险业务负责人。

3）员工每提供一条有效线索，我们都可以设计一个信息奖励，比如每条 30 元。如果车辆成功到厂维修，还可以设计一个成交奖励，比如每辆车 50 元。

3.3.3　事故外拓执行

事故车业务竞争激烈，事故外拓势在必行。事故外拓的核心岗位是事故外拓专员。

事故外拓人员的手机和专用微信号有特殊要求：

事故外拓专员所有业务通话要求录音，便于检核，同时也是服务的保障，避免意外损失。

微信号头像、昵称、朋友圈背景和个性签名都要精心设计。

这四个点都可以去设计不同的展示维度，头像展示个人形象和个人信息，职业装，公司和品牌的标志，岗位信息，客户一看就知道你是做什么的。微信昵称展示品牌和个人名字，例如店名＋品牌＋岗位＋名字。朋友圈背景图建议用企业形象照片加服务范围说明。个性签名则可以展示企业与个人实力，比如五星级经销商之类。

案 例

事故外拓专员工作指导

电话沟通技巧：

首次电话跟踪：接到信息第一时间与客户联络。自报家门后，表达对客户的关怀，询问是否要到现场，事故信息收集，现场安全提示、邀约客户进厂并明确时间，同时给予客户相关的指导。

例如：

事故外拓专员：

×先生/女士，您好。我是×××的保险保姆×××，受到我们的合作保险公司×××的委托协助您处理车辆事故理赔。您的车刚出险了是吗？事故严重不严重？您没有受伤吧？

客户：

是，没有人员受伤。我的车是……

（根据客户的描述判断事故情况，看看是否影响车辆行驶，是否需要马上到现场）

事故外拓专员：

您别着急，人身安全最重要，车我们一定会给您修好。我这就往你那边走。我们加一下微信，您把具体位置发给我。

另外，×先生/女士，您在事故现场一定注意安全，打开危险警告灯。在车后50米放置好三角指示牌，防止后面车辆不注意导致的二次事故。您本人最好在路边安全的区域内等我。

如果客户是小事故，不影响行驶，不需要到现场，那么直接指导客户完成现场拍照，保险公司报案，约好客户第二天进厂办理后续手续，并把位置通过微信发给客户。

重点要和客户说明报案后的时效问题，请客户在规定时间内进厂定损。

第二天我们可以与客户提前沟通。

事故外拓专员：

×先生/女士，您好！我是×××。我们约的是××见面，我在厂里等您，把手续帮您办完。

客户异议处理：

外拓中我们会遇到以下异议，我们可以采取积极正面的应对策略。

1. 距离远，客户不愿意来厂

思考分析： 如果是本店购车或已经有过来厂维修体验的客户，说明真正的原因是我们的服务没有获得客户的认可，客户依旧考虑就近维修。

如果客户没有来过我们厂，说明客户对我们还不了解。

正面的策略是告知客户我们可以提供给客户更好的服务。

比如：油漆漆面的终身质保，送客户相应比例的保养，提供给客户代步车，上门取送车服务等。

事故外拓专员：

×先生/女士，我很理解您的想法。离得近毕竟方便，但是我们修车最核心的还是维修质量，我们的钣金喷漆技师团队非常优秀，维修质量是非常好的，所以我们敢于给客户承诺钣金喷漆维修的终身质保。另外，我们还有保险保姆服务，可以为您提供代步车/上门取送车服务，足以解决您关于距离的后顾之忧。

同时为感谢客户对我们的信赖与支持，我们还送您价值××元的保养项目。欢迎您来厂体验我们的保险保姆服务。

2. 有熟悉的维修地方

思考分析： 如果客户在其他4S店或维修厂有过维修体验，并且关系比较好，那么我们不能贬低他人，我们要从客户角度考虑，发掘客户回厂的机会。

事故外拓专员：

×先生/女士，我知道您对××比较熟悉，做油漆其实大家的差异并不大，我们也一定能给您做好，我真挚地邀请您来我们这边体验一下我们的服务。我们的保险保姆服务，可以为您提供代步车/上门取送车服务，并且我们还为您提供终身质保。同时，为感谢客户对我们的信赖与支持，我们还送您价值××元的保养项目。欢迎您来厂体验我们的保险保姆服务。

3. 修理厂给返点

思考分析： 一些竞争对手会给客户返点或更大的让利政策，这个其实是最头痛的，如果是社会修理厂，我们需要和客户说明配件品质的问题。如果是4S店之间的竞争，则需要向上级领导请示。

事故外拓专员：

×先生/女士，我理解您的心情。但是只要仔细想就能发现这个中间是有猫腻的，您想一下，同样的事故，本身4S店保险公司给的定损金额就比维修厂高，因为我们提供的是价值更高的原厂配件，我们维修的目标是恢复原车的状态。而维修厂在定价低的情况下，还给返利，那在配件的使用上就存在大问题了，好一些的使用质量无法保障的副厂配件，甚至还有的用拆车的配件给您维修，好好一台车修完之后就变成"拼装车"了。

我之前就遇到过这样的事情，有一位客户……

4. 维修速度慢

思考分析： 维修速度慢，是客观存在的问题。我们不能否认，核心是要了解到客户对维修时间的真实需求，和客户说清楚我们的维修工艺，说明我们的质量保障。同时，我们也应当积极改善工艺，提供快速钣金喷漆的服务。

事故外拓专员加客户微信，把维修工艺照片发给客户，然后和客户做沟通。

事故外拓专员：

×先生/女士，我知道您着急用车，但是您看我们的工艺流程与外面修理厂区别真的很大。

其实，外面维修虽然快但是隐患不小。首先是喷漆工艺缩水、然后没有标准，使用的材料和配件也无法保障品质，我们承诺终身保固，外面修理厂则是"一锤子买卖"。

5. 没有时间，将来处理

思考分析： 我们要区分客户说的是不是真实的想法，一些比较小的事故，客户往往感觉不影响使用，且自己也比较忙，会往后推。但是也有可能是客户不接受我们的服务随便找的借口。

正确的应对方式是先把手续做完，等客户有时间再处理。

事故外拓专员：

×先生/女士，我知道您工作很忙，所以我抓紧给您先把理赔手续办完，到时候您啥时候方便啥时候来，这样也不耽误您工作。

6. 要去亲朋好友的维修厂

思考分析：客户抹不开面子，感觉不去亲朋好友那边做维修，就是不讲人情。我们把道理讲清楚，给客户一个说服自己的理由就好。

事故外拓专员：

×先生/女士，我理解您的想法，人情这东西最难。您想想看您现在都不好意思，那如果您在您亲友这边维修了，万一后期出现质量问题是不是更麻烦。我在这行时间长，见得比较多，很多人到了最后都说不清是谁欠谁人情。您感觉您照顾了对方生意，对方还感觉是照顾了您，而且在外面维修保险理赔手续还非常麻烦。

我们这边根本就不会有这些麻烦事，咱们就是甲方乙方，您直接提要求，我们保障维修品质，而且4S店是保险公司的指定维修单位，手续上也简单。您和您亲友说清楚这点，也能交代过去。

3.3.4 定损理赔

定损理赔环节主要是保险事故理赔顾问与保险公司之间的业务。事故理赔服务顾问完成定损理赔之后，要对客户作出服务承诺，并开立维修工单。

需要特别注意的是，在这个环节中需要指定明确的作业流程规范，预防疏漏，明确内控，实现事故维修业务的有序管理，见表3-6。

表3-6 作业流程与规范要求

作业流程	规范要求
进厂开单收集资料	证件信息、保险信息、事故照片收集
拆解报价	协调定损员定损，制作报价单
保险公司定损核损	完成定损并打印保险公司定损单
保险开票回款	事故工单结算管理、预开票管理、回款内审管理

事故接待流程中的注意事项

1．证件拍照收集

包括：行驶证正页副页、驾驶证正页副页、被保险人身份证正反面、年检标志照片（特别注意证件日期是否到期）。

2．收集事故车辆保险信息

包括：

1）确认事故车辆标的或三者车的承保公司，确认标的或三者车的交强险和商业险是否到期、交强险与商业保险是否在同一家保险公司。

2）收集并记录保险员姓名、电话、案件号、标的或三者车牌号。

3）事故认定书。

4）确认是否有施救费。

5）确认付款方式，是否直赔，如案件有人伤，需要特殊审批。

3．合作协议的准备

三方协议、四方协议（注意是否公户）、预结单、委托书、维修协议。如果是非合作保险公司，则要求标的垫付，并在维修结束后收款放车。

4．事故车辆照片收集

环车四角照片、车架号照片、未拆解损失照片、拆解后损失照片、复勘照片、证件照片、协议照片、事故认定书照片、年检标志照片（照片存档保存最少半年以上）。

拆解报价部分特别注意：

1）与保险公司定损员确认车辆是否可以拆解，确认后通知客户开始拆解并获得客户同意（告知客户拆解后如不在我司维修，需要承担××%的拆解费用）。与客户签订委托协议书。

2）客户在维修工单上签字，确认留车维修。

3）首次估时估价，服务顾问在客户问到维修金额时，向客户明确说明事故如果涉及需拆解车辆的只能是大概预估金额，不能作为最终维修金额，最终维修金额需要等到维修技师拆解报价，保险公司定损确认后再告知客户。

预估交车时间时如涉及需订货车辆，应告知客户正常的配件回货周期和维修方案，在此基础上为客户提供预计维修时间。

4）首次预估报价单一式三份，库房一份和随工单后附一份，同时提供给客户一份。

5. 保险公司定损核损

1）保险公司定损结束后，需打印保险公司定损单明细。

2）如实际维修与定损单不符合，需做情况说明特殊申请。

3）旧件保留，依照保险公司定损单要求对回收旧件做保留管理。

保险开票回款部分核心在于维修事故结算工单的管理、预开票的管理以及回款内审的管理。

6. 事故工单结算管理

1）小金额回款正常结算。

2）没回款但核价已确认金额的挂保险公司应收欠款结算。

3）等待回款信息但已完工的维修工单结算。

7. 提前开票管理

1）合作保险公司预开票需注意是否本地保险公司承保。本地保险公司承保开本地发票，非本地承保车辆应开承保地发票。非本地承保涉及邮寄发票的应保留收取人电话姓名，防止手续丢失。

2）非合作保险公司预开票有两种情况：一种是客户垫付交钱开票；另一种是车辆留厂开票，款到放车（填写审批单）。

3）合作保险公司月度发票由财务部门统一开具。

4）服务顾问开具发票后为该业务第一责任人。

8. 保险公司回款的管理

1）工单结算时 SA 应核对回款信息，SA 填写回款说明表。

2）无回款信息的，提交保险内审岗，SA 填写回款说明表。

回款要求，在维修车辆离场后，5000 元以下款项要求当月回款，1 万元以下款项要求 1.5 个月回款，2 万元以上款项要求 3 个月回款。如保险公司未完成系统案件录入，三者或主车没有维修完毕，或对方车辆手续不全等特殊情况造成回款延迟的应及时报备服务经理。如无特殊情况延迟回款，则一律纳入绩效考核。

3）所有回款情况，均由内审岗核对，报备服务经理。

3.3.5 事故维修与完美交车

又快又好是客户对我们服务的期望，虽然说慢工出细活，质量和速度之间是相互影响的，但是我们完全可以通过科学的管理，实现维修质量与维修速度共同提升。

这个环节中钣喷维修进度管理与事故车零件订货管理是核心关键。

钣喷车间的管理需要根据4S店售后的规模和场地选择合适的管理方式。

1. 工作小组制派工管理

规模不大的维修站采用工组制派工管理，钣喷进度管控表是简单好用的看板工具，见表3-7。

表3-7 钣喷进度看板

进厂时间	车型车号	交车日期	进程						
			拆装	整形	打磨	底涂	喷漆	烘烤	装配

2. 维修工艺制度派工管理

规模比较大的喷漆组在两个以上的，可以采取喷漆工艺派工，将喷漆作业派工按照工艺分为底涂、面喷、抛光三部分来派工，更好地协调车间的产能。

案例

喷漆工艺派工方案

1) 依照喷漆工艺将喷漆派工分为底涂、面喷、抛光派工。

2) 提成分别为喷漆底涂20元/面、面喷20元/面、抛光10元/面。

3) 由钣喷车间主任按照车间实际作业情况合理派工，见表3-8。

表 3-8　派工记录表

车号	底涂	面喷	抛光
×××	喷漆 1 组	喷漆 1 组	喷漆 2 组
×××	喷漆 2 组	喷漆 3 组	喷漆 3 组
×××	喷漆 2 组	喷漆 2 组	喷漆 2 组

3. 流水线派工方案

集团各店集中或店内钣喷规模大的可以设计钣喷中心，采取流水线的派工方式，将维修车辆分类，对于适合流水线派工的车辆，设定工艺节拍，实现交车时间的精准管控和效率的提升。

这里要注意的是，钣喷流水线核心不在于设备，钣喷流水线本质是生产工作的安排方式，核心思维就是采取节拍生产的方式来做工作的安排。

整个作业需要根据实际的情况，做诸如车辆分类分流、动线设计、生产节拍规划的定制化设计。这个部分很难复制照搬，需要入店指导。

满意交车目标是让事故理赔服务顾问负责赢得客户满意认可，满意交车的基础是交车前细致的再次检查。

1）车辆完工后，在钣喷质检的同时应检查随车报价单，确认项目、更换配件、车况，最终签字确认。

2）涉及悬架、底盘。机修质检需检查随车报价单，确认项目，更换配件。条件容许下试车检查车况，最终签字确认。

3）服务顾问参与车辆的终检。事故车辆在维修技师交给服务顾问后应做最终的检查，检查维修项目、更换配件、外观内饰是否干净、车况是否良好，服务顾问确认无误后通知客户交车。

3.4　服务项目经营方案

3.4.1　情景化销售

在售后业务经营中经营管理者对于售后营收公式：售后服务行业年收入 = A（店面年平均保有客户量）×B（保有客户年平均进店台次）×C（平均进店客单价营收）中，

C（平均进店客单价营收）这个要素一直是重点关注的。这些年来我们想了很多方法做了很多改善来提升 C（平均进店客单价营收）。

我们希望客户进店后可以接受我们更多的服务推荐，并以此来实现经营改善的目标。

售后服务业务经营的理想目标是为客户提供一站式的用车解决方案，但是理想和现实之间往往存在巨大差距。

在 4S 店售后实际的经营中，依旧有很多项目一直做得不是很好，比如轮胎。有一些项目之前做的很好但现在越来越难做，比如发动机深化养护品。还有一些项目很多店压根就没有做过，比如美容。

这些做得不好的项目或从来没有做过的项目，对于售后经营来讲就是提升业绩的最佳机会。

我们一直都很想做好很多业务，比如轮胎。第一轮胎的产值贡献度大，第二轮胎对于完成厂家的售后零件指标任务意义重大。

但是为什么做不好这些项目？

首先是客户认知的问题。拿轮胎与 4S 店售后的核心业务换机油做比较，客户的认知是完全不同的。客户会认为换机油还是要回维修站，维修站一定专业。而换轮胎在网上或者轮胎店搞个和汽车原装轮胎同样牌子的轮胎就可以。甚至客户认为自己车的轮胎同品牌的轮胎服务中心更专业。

我们去调研一下知名的品牌线下轮胎店就会发现，这些轮胎店有统一的店面标准、服务标准，的确是非常专业的。特别是门口换下的旧轮胎和店铺内满墙的新轮胎，都在说明是专做轮胎生意的，会让客户觉得非常踏实。

轮胎店真的比我们专业吗？其实不一定，轮胎服务中更具备技术性的是车辆的四轮定位，而配备有厂家专用四轮定位仪器和四轮定位数据的 4S 店显然比修"万国车"的路边的轮胎店更具备专业性。

但是在销售场景上，满满都是轮胎元素的轮胎店的确是比我们 4S 店做得好很多。

由于不同供货渠道的问题，在价格上 4S 店轮胎的销售价格也比网上或轮胎店要高。

轮胎店提供补胎服务，客户轮胎被扎，第一个想到的就是找轮胎店补胎，而客户由于补胎进入轮胎店，轮胎店就会有一个轮胎销售的机会。这个时候客户服务集中聚焦于轮胎,轮胎店的销售人员可谓占尽天时地利,很容易成功完成轮胎销售。

4S店与品牌轮胎店最大的差异就在于销售情景氛围与产品价格上。

做好4S店轮胎销售的核心就是轮胎项目客户体验感的重构。

首先,我们要体现出我们更换轮胎的专业度,我们完全可以学习轮胎店在门口堆放旧轮胎的方式,在维修通道入口用更换的旧轮胎建隔离保护带。这个轮胎隔离带不但可以向客户展示我们在大量做更换轮胎的服务,同时还可以起到安全保护的作用。

其次,我们要找到轮胎销售机会设计出轮胎销售的场景。

其实车辆更换轮胎的场景不仅仅只有轮胎被扎。轮胎需要做更换的六种常见情况,见表3-9。

表3-9 需要更换轮胎的常见状态

轮胎状态	危害	建议
偏磨	轮胎打滑,制动受限	更换
磨损达到极限	轮胎打滑,制动受限	更换
年久老化	橡胶开裂,爆胎风险	更换
胎侧鼓包	胎壁帘布断线,爆胎风险极大	更换
胎侧划伤	胎壁开裂,爆胎风险	更换
胎面掉块	轮胎受损,爆胎风险	更换

我们可以在更换下的旧胎中,以这六种情况各选一条具有代表性的旧轮胎。在接车区做一个常见需更换问题轮胎的展示区域。写清楚情况,并在实物旧轮胎上用红色或白色的记号笔将轮胎的损坏部位标记出来。

如果主机厂没有要求,我们可以在网上找一些由于爆胎造成重大交通事故的报道和图片,以安全教育的形式展示出来。让客户对更换轮胎的重要性有更直观明确的了解。

这个场景的布置可以帮助我们营造良好的销售场景。

客户来厂后,服务顾问都会对客户车辆做检查,当检查到轮胎的时候,一旦发现客户车辆轮胎存在以上六种情况中的一种或几种,就可以直接用实物对比的方法与客户沟通,提出更换轮胎的建议。

在这样的销售场景中，客户往往马上就会询问我们价格了。

那么轮胎的价格异议该如何处理呢？

首先我们需要提前了解同款、同型号轮胎线上以及线下轮胎店的销售价格。需要注意的是，我们在网上找对标一定要去找轮胎厂的官方网站或官方旗舰店，线下也同样去找厂家直接授权的品牌服务店。

往往调研之后我们就会发现店内轮胎售价与这些官方授权渠道相比价差也并不大。那么就将这些信息先做有效收集，作为议价环节的价格锚定的参照物。

价格问题靠价值展示来解决，4S店轮胎渠道为厂家零件供应，我们的轮胎货真价实，绝对不会是翻新轮胎和改期轮胎，这是我们的核心优势。价值展示环节我们要做这样的内容。

我们可以在接车区的轮胎展示架上放置新轮胎，并用厂家的发货清单截图证明我们的轮胎源于工厂直供，同时标注清楚轮胎的生产日期。

网上关于翻新轮胎、改期轮胎的报道材料非常多，我们找一些案例制作宣传资料。如果可以找到翻新轮胎和改期轮胎的实物，那我们可以像机油滤清器、空气滤清器的正厂副厂对比展示一样做对比展示。

最后我们根据价格的差异结合我们轮胎的利润，设计出对应的更换轮胎的优惠方案。比如换轮胎送价值×××元的四轮定位，全车轮胎买三送一等。

完成这些销售道具准备与销售场景的设计之后，我们设计一套轮胎销售的情景剧本让服务顾问训练并使用。

案例

轮胎销售情景剧本

情　　景：客户车辆驶入接车区，服务顾问做初步检查，发现轮胎存在问题。

动　　作：手指车辆轮胎实物说明。

服务顾问：×先生，您的爱车左前轮胎这边有一道割伤，这个非常危险。

客　　户：啥时候割的，我都没注意。

动　　作：指向轮胎常见问题展示区内做胎侧伤痕展示的轮胎，以及爆胎事故案例做危险提醒。

服务顾问：×先生，这种情况很常见，车辆行驶中难免会被异物割伤，您看这个轮胎就是这种情况，这种情况容易发生爆胎，高速行驶时如果发生爆胎是非常危险的，所以我们会建议客户更换。

动　　作：指向接待区轮胎隔离墙的旧轮胎。

服务顾问：开车上路，轮胎最容易受伤，来厂里换的也多，您看我们通道做隔离保护的轮胎都是这段时间因为各种问题更换下来的旧胎。

客　　户：轮胎多少钱？

动　　作：指向轮胎展示区新轮胎展示部分关于轮胎渠道证明和翻新胎的说明。

服务顾问：咱们维修站的轮胎都是和原车轮胎一样由××汽车公司请配套轮胎厂定制生产的，您看这是供货说明，我们向客户承诺轮胎绝对不会是翻新胎。

客　　户：翻新胎？

服务顾问：是的，很多网上和外面便宜的轮胎都很可能是翻新胎，这样的报道很多，做这个的昧良心，您看。

动　　作：指向轮胎区的翻新轮胎实物，找到手机上翻新胎的报道给客户看。

客　　户：的确是。

服务顾问：轮胎还有生产日期的说法，橡胶产品是有时间要求的，很多不正规的黑心商家会自己改了生产日期再销售，您看。

动　　作：指向展示区新轮胎生产日期部分和客户做沟通。

服务顾问：轮胎的出厂日期在轮胎的外胎侧，在字母 DOT 的最后有一组长椭圆形状的四位数字，前两位数字代表一年当中的第几周，后两位数字代表年份。例如 1721，代表轮胎是 2021 年的第十七周生产的。

改期胎，就是把这个区域改掉。

客　　户：看来这里面门道不少。

服务顾问：轮胎涉及生命安全，一定要选货真价实的，您看这款同型号轮胎网上的官方专卖店售价是×××元，但是这个不包括安装的。我们店里这几天有轮胎的特惠政策，很合适的。我给您具体算一下。

客　　户：好的。

重新营造完客户体验感之后，服务顾问的轮胎销售会变得非常简单。

总结一下，轮胎的体验式销售做了四步。

第一步：设计销售场景获得销售机会（常见问题轮胎展示区，旧轮胎布置隔离保护墙）。

第二步：服务展示体现价值，体现差异化（服务承诺，原厂渠道轮胎与翻新胎、改期胎的对比，稳定且长期的服务保障）。

第三步：做好市场调研，找到线上线下价格对比锚定，处理客户价格异议（轮胎厂官方旗舰店报价）。

第四步：轮胎的优惠方案展示，促成成交（送四轮定位、轮胎买三送一等）。

同样的方法也可以用到蓄电池等产品的销售方案设计上。

3.4.2 养护品体验式销售

发动机的深化养护品属于之前做得很好但现在却越来越难做的项目，这类项目的提升关键是要将客户体验感做好，那么关于养护类产品的体验感式销售如何来做呢？

养护品的体验感营造攻略：选择有效的安全的产品、确定合理的价格、公布无效退款的承诺，把真实的效果对比展示给客户，获得客户的认同。

首先是选择有效的产品，其实这些年我们的养护品服务是存在诸多问题的，第一个问题就是产品的功效。

养护品产品众多鱼龙混杂，不同产品之间差异很大。此外，养护品的施工也有要求，比如清洗时间，如果车间施工偷工减料，效果也会大打折扣。

想要赢得客户的认可，我们必须保障产品的功效，比如积炭清洁类产品，首先我们自己要严格按照产品使用要求做测试，用专用发动机电子内窥镜看发动机内部积炭清洗前和清洗后的真实效果对比。

在验证完产品效果确认有效之后，我们就可以信心满满地将这些我们自己测试对比的素材展示给客户看，同时向客户郑重承诺无效退款。

我们在为客户做服务的时候，一定要将车辆的真实效果对比展示给客户。这种展示往往只要做一遍，让客户看到清洗前和清洗后的明显对比，客户就会彻底信任我们，再也不会考虑其他。

这些日常积累实车对比的照片也将是我们很好的宣传素材。

养护品的体验感营造另一个重点是要让客户弄清楚搞明白养护品的功效作用，所以需要制作对应展示工具加以辅助。

比如我们的节气门清洗项目，使用专用的节气门清洗剂与化油器清洗剂的对比。节气门清洗剂既具备很好的清洗能力、没有腐蚀性、可以很好地保护到节气门内部镀膜，还能起到润滑节气门轴的效果。但是化油器清洗剂没有润滑功能，且会损伤节气门内部涂层。我们可以制作展板将两者放到一起对比，让客户一目了然。

再比如空调内部清洗这个项目，很多客户其实对于空调系统和产品的作用搞不大明白。我们可以设计一张汽车空调系统工作原理的看板，就像学校的教具一样。在看板上把空调系统中最容易滋生细菌的地方标注出来。

当客户进店后，服务顾问对着这张如同教具一样的看板很容易把这个项目讲清楚。甚至服务顾问不多说，客户自己也能看明白。

如果店内有相关的产品旧件，我们还可以用旧件制作原理看板，如旧的蒸发箱、旧的冷凝器、旧的压缩机以及管路。在看板上加个铁丝格栅绑到相应的位置上。这种用车上的配件做的教具展示更直观、更有说服力，客户的体验感也相应更好。

接下来利用这些展示工具设计出销售情景，再做好对应的销售情景剧本，对服务顾问做训练，从而促成项目的有效成交。

我们管理者要坚信，只要做到精心设计，从客户体验感出发把销售的氛围做好，就没有我们 4S 店卖不好的产品项目。

3.5　零件管理方案

3.5.1　零件管理

零件管理是 4S 店售后经营管理中重要的一环，如不重视随着售后业务的经营，会发现零件库存量越来越高、库房的呆滞料也越来越多了，零件的供应却并没有变好，车间缺料还是很严重。

零件管理的目标是实现供应最大化与库存最小化，以最小的库存量保障最大的供应率。而在现实中零件管理存在各种各样的问题，常见的问题如下：

1）订料手法不熟练。

2）零件管理人才缺乏，培养不易。

3）零件管理信息系统不足。

4）物流进货前置时间与配送时效长。

面对这样的现状，要做好库房管理就需要制订对应的管理方案，提高库存管理手法、加强数据分析运用能力、不断地检讨改善对策。

建立零件管理的指标概念用好主机厂定期订单系统

在保障供应率的前提下适量、适质、适价供应配送，降低库存数量及费用。

以主机厂零供部规定的订购周期及安全存量、进货前置时间用量、目前库存、在途量，由系统产生采购建议报表，以达到存量管制及不缺料的目的，具体内容见表3－10。

表3－10　常用零件订单管理指标

指标	说明
最高存量	预测用量＋进货前置时间×日用量＋安全存量
预测月需求量	1）平均法，前4或6个月用量总和÷4或÷6 2）加权比重法，前3或4个月用量比重 　（50%、30%、20%或40%、30%、20%、10%）
安全存量	1）到货可能会延误日数×每日平均耗用量 2）前3个月用量平均差异数量
前置时间用量	下订单至到货的时间（天数）×预测日用量
在途量	已订未到货的数量（每次到货后比对与订单的差异）

××定期订单计算公式

$$预测用量＋安全存量＋进货前置时间×日用量－目前库存－$$
$$在途量(含已到未入库)＝当次订单量$$

注意事项：

1）订单产生由系统控制（或用 EXCEL 软件）以降低人为疏失。

2）做好在途量的交期管理与跟催（系统及时跟进）。

3）注意季节性零件的用量变动及提前备料（雨季、夏季与冷气相关的零件及冬季暖气、春节前的常用件）。

4）成本管理（做好订单采购的项目、金额的比例分析）。

订单这个部分，随着 DMS 智能化的升级，现在很多品牌的订单系统都已基本实现逻辑化、智能化。系统会帮助我们更好地管理订货，管理库存。零件的基础管理也会变得越来越简单。

未来零件经理可以把更多的精力放到零件项目开发上，从经营的角度出发，售后的新服务项目往往都从一个新的零件开始。

这些年我有一个习惯，我会安排零件经理去参加展会，去看看有没有新的项目出现。每次零件经理外出培训，我都会出费用要求零件经理和培训地的零件经理交朋友，去当地经销商处参观学习，主要目的就是培养零件经理新品的开拓能力。

现在很多主机厂都提供原厂精品，同时也会下达原厂精品任务，很多配件经理把这个当作负担，我的做法是安排配件经理先将原厂精品采购一个样品回来，然后由配件经理牵头去评估这个产品的销售可行性，制订销售方案。

在这个过程中，我们经常发现一些具备独特卖点的产品，同时也通过场景化体验化的销售设计，实现了很好的销售目标。

这些订购回来的原厂精品，特别是生活类的衍生精品，可以用于店内的布置，也可以当作给优秀员工的激励。

如果经销商做车主俱乐部，那么品牌定制的 T 恤衫，定制手表等衍生精品的车主接受度是非常高的，同时这种生活类的衍生精品还可能成为新的盈利机会。

3.5.2　呆滞料管控方案

呆滞料直接侵蚀售后的纯利，如果不及时处理，很多进价高昂的配件到最后只能以废品的价格做处理。售后零件部门必须对呆滞料做专项的管控方案。

首先我们分析呆滞料产生的原因，呆滞料的属性为低流动性配件，这类配件不同于常备配件，多以车间维修需求调料、以服务顾问零件订单形式进入库房。

1）技术人员判断错误，零件人员订错料。

2）客户订料后不来换（未及时通知、客户未交定金）。

3）通用零件重复订料。

针对以上三个原因，我们设计调料流程，如图 3 - 1 所示。

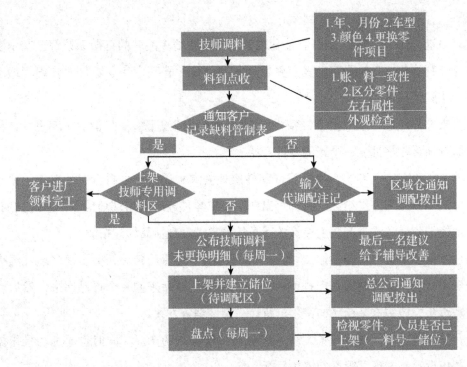

图3-1　××车间技师调料流程图

案例

技师调料管理流程

对于低流动性的非常备件，采用技师订料的流程来管理。

1）由车辆维修责任技师确认所需配件，提出订料申请。

2）服务顾问根据工单性质确定是否收取客户定金，并与顾客确认，填写服务顾问零件订货闭环单。

3）备件到货后，该车调料由维修技师检查确认。

4）技师确认后，服务顾问通知客户回厂更换。

5）库房设立技师专用调料货架，便于目视管理。

6）每周一公布技师调料未更换明细，做专项改善。

7）对于无法完成更换的配件，服务经理批准后库房上架并设立新储位。

在这样的流程中我们对于这类低流动性备件做到精细化管控，通过监控该类零件的每一步异动，实现有效管理。

服务顾问零件订货闭环单，见表3-11。

表 3 - 11 服务顾问零件订货闭环单

序号	日期	配件编号	配件名称	车号	车主	联系电话	服务顾问	技师	性质	车型	备件计划	承诺日期	到货日期	通知时间	跟踪情况	预约日期	出库日期	备注
1																		
2																		
3																		
4																		
5																		
6																		
7																		
8																		
9																		
10																		
11																		
12																		
13																		

针对需求订单，车间技师、服务顾问、备件计划员以闭环单的形式做精细化管理。

本章重点

1) 提升回厂次数与提升客单价两种策略的对比分析。

2) 围绕提升客户有效回厂、从客户需求出发设计的季节服务方案与具体落地执行细则。

3) 围绕提升客户有效回厂、从客户情感出发设计的节日服务方案与具体落地执行细则。

4) 围绕提升客户有效回厂，对于事故维修业务的服务方案以及具体的事故维修业务提升的落地执行细则。

5) 围绕客单价提升、从客户感受出发设计的体验式销售方案，以及汽车售后业务具体项目的落地执行方法。

6) 零件管理面临的问题以及实际管理的技巧分享。

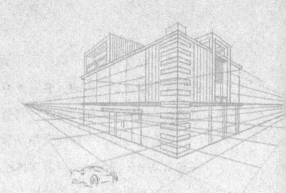

第4章 流程管理篇

通过我们在客户管理篇与经营管理篇对售后营收公式：售后服务行业年收入＝A（店面年平均保有客户量）×B（保有客户年平均进店台次）×C（平均进店客单价营收）中，A（店面年平均保有客户量）、B（保有客户年平均进店台次）以及C（平均进店客单价营收）这三个要素的分析以及具体方案的设计已经建立了售后经营之道实际落地实施的攻略。

接下来的重点就在于在实际工作中我们如何更高效率地确保我们售后盈利进化攻略的实施并持续下去。这个就需要我们在售后业务的流程管理上做进化改善。我们将在流程管理篇中阐述这个部分。

4.1 客户体验式服务流程

当我们明确了以客户体验为核心的服务理念之后，就需要将我们之前内部管控的业务流程做相应的升级与进化，以保证我们的服务理念在一线执行中不会被习惯的力量打回原形。

服务流程设计的初衷在于规范我们经销商的服务标准，避免出错，确保服务的品质。虽然各品牌的服务流程大多是大同小异，但各品牌也都有自己的服务特色。

但当我们研究过这些服务流程就会发现，服务流程更多的内容是对内管理的。在对外，特别是对客户的价值呈现，服务感受上做得相对较少。我们应当在自己品牌现有的服务流程上做升级，将服务流程带给客户的价值做更多的呈现。

我们要思考现在执行的流程工作，每一步应该给客户带来什么样的服务体验？每一步具体应该做好哪些细节提升客户的良好体验？

我们应该将每一步服务流程要带给客户的正向体验作为给客户的一份服务承诺。依照这个理念制订出的标准服务流程应该包含更细致化的作业流程的规范做法及应对情景下的话术，确保带给客户宾至如归的体验。

这里我以国内中高档汽车品牌常用的服务流程做参考，从客户的感受出发整理出一套由九个流程组成的以客户体验为出发的服务流程。

在这个包含九个流程的服务流程里，将之前售后服务团队应做好且落实执行的服务流程，转换成对客户的服务承诺。以始为终，从客户体验感出发，以客户获得良好体验为最终目的。

我们依客户实际流程先后顺序、作业区隔及体系弱势项目等区分为九个作业流程，每个流程都设计了服务人员应做好的服务精神及对客户的承诺（即我们要给顾客营造的良好体验），作为提升服务团队服务能力的有效工具，见表4－1。

表4－1　服务流程

流程	留给客户的核心体验
流程一、客户接触	他们有能力且做好准备为我服务
流程二、预约	只要预约就会有更好的服务、获得更多的好处
流程三、服务接待	感觉服务顾问热情迅速且礼貌、接待专业、时间和费用很清楚
流程四、客户服务	客户休息区很舒服
流程五、交修与品质管控	车间技师认真对待我的车辆
流程六、质检与结算	知道了他们在对交修项目一再检查并确认
流程七、交车服务	除了完成工单内容，他们还为我做了很多服务
流程八、服务后回访	他们希望获得我的满意认可
流程九、服务改善	真正重视我的感受和我的意见

4.1.1　客户接触流程

流程一、客户接触

客户体验：他们有能力且做好准备为我服务。

客户接触分为新客户接触与老客户招揽两个部分，这个环节中核心的是介绍我们售后服务业务给客户，向客户传递出我们有能力且时刻准备着为客户提供良好的服务。

新客户流程：

4S 店销售顾问在交付新车时，售后客户经理到场，销售顾问将售后客户经理介绍给新车车主，售后客户经理向客户介绍车辆使用以及相关售后服务事宜，并介绍未来经销商可以给客户提供的服务。售后客户经理作为新车客户的专属客户经理，将负责客户购车之后的所有服务事项。

售后客户经理为客户建立专属的微信服务群，维修技师、服务顾问、保险理赔顾问等相关岗位人员入群，向客户问好（我们可以理解成这是一项工作，店内可根据这项工作的实际情况安排客服、售后的服务人员完成）。

通过对未来服务的介绍，让客户感觉到我们是有能力且做好准备为客户服务的，老客户招揽流程见表 4 - 2。

表 4 - 2　老客户招揽流程

步骤	动作要点
1. 筛选目标	以月为单位对 DMS 客户做系统分析，筛选目标客户，形成招揽清单 1）首保清单：核心是时间维度，依照主机厂标准，如 60 天 2）定保清单：依照客户用车数据计算出保养时间，提前两周 3）保修到期清单：依照保有时间，提前 3 个月 4）活动邀约：依照活动标准
2. 持续联络	以成功联系到客户为目标 联络方式：微信、电话、短信 在 DMS 中做好招揽记录
3A. 成功邀约	与客户确认来厂时间段 为客户安排专人预约
3B. 流失客户	记录客户流失原因（建立流失原因标签，如：A—车辆转让，B—在其他 4S 店保养，C—选择非 4S 店维修渠道，D—价格高，F—服务不满意） 汇总流失客户情况，上报售后部门经理

老客户的招揽部分，虽然有的 4S 店由服务顾问来完成，有的 4S 店由客服专员来实现，但是无论谁来做，目标都是要让客户感觉到我们是有能力的，且已经做好准备为客户服务。

4.1.2 预约流程

流程二、预约

客户体验：只要预约就会有更好的服务、获得更多的好处。

在预约环节，不用排队和工时打折是最传统的做法，说白了就是利益诱导，价格战这种做法客户的关注点显然并不在服务感受上。

我们应该带给客户的体验是：预约可以让我们更好地服务于您。

我们可以为客户提供诸如上门取送车、代步车、预约早餐、夜间服务等内容，而不再只是告诉客户我们会打折。同时我们的预约不应该只局限于更换机油，见表4-3。

表4-3 预约流程说明

步骤	动作要点
1. 获得信息	及时为客户办理预约，并推荐预约独享优惠
2. 确认信息	1）确认来厂时间、维修项目、零件 2）内部确认服务能力保障，特别是零件供应 3）微信或短信将确认内容以信息形式回复给客户
3. 系统维护	指定服务顾问维护到系统内
4. 再次提醒	服务顾问在预约时间之前与客户联系（前一天，前一小时）

1. 预约车独享优惠

1）优先接待、优先保养维修、优先结账。

2）预约进厂接待后10min内未开工，当次保养机油免费。

3）安排上门取送车、代步车。

4）特殊时间段预约客户可预定早餐、预约晚间服务。

2. 倡导时机

1）主动接触阶段。

2）入厂等待时。

3）结账交车时。

3. 主动通知预约时机

1）定保到期通知招揽时。

2）保险到期通知招揽时。

3）保固到期通知回厂检查时。

4）备件到料通知回厂更换时。

5）召回通知车辆回厂时。

6）三日回访客户反映未处理的车辆问题点时。

4. 相关配套硬件

除了使用 DMS 的预约功能，我们还可以做以下相关配套。

1）预约客户尊贵广告牌。

2）预约车优先牌。

3）预约车贵宾维修车位。

4）预约宣传小卡。

5）预约工单。

6）内部预约资料统计表。

4.1.3　服务接待流程

流程三、服务接待

客户体验：感觉服务顾问热情迅速且礼貌、接待专业、时间和费用很清楚。

流程说明：流程包括出迎、检车问诊、估时估价。

出迎环节，见表 4 - 4。

表 4 - 4　出迎环节步骤与动作要点

步骤	动作要点
1. 客户进厂迎接	车辆入厂时，跑步向前引导停车，礼貌地向顾客问好，并自我介绍；确认是否为预约车主，预约车主进厂应直接喊出姓名，非预约车主则询问客户姓名及是否有预约（提醒客户能运用预约入厂）
2. 四件套保护	开车门迎请客户下车，放置四件套（座椅垫/脚踏垫/转向盘套/变速杆套），放置前要确认四件套是否清洁且无破损
3. 车牌里程登记	车牌及里程数登录于系统中

（续）

步骤	动作要点
4A. 首次来厂	若客户是首次入厂保养者，服务专员须自我介绍并递送名片 针对3000km特别说明保养周期及预约制度 建立客户基本数据，包含： 1）客户姓名 2）客户电话（住宅、公司、行动） 3）客户住址 4）最佳联络时间 应实时对系统进行更正（尽量避免先记录稍后登录）
4B. 非首次来厂	针对非首次进厂客户，询问顾客电话及地址是否有变更 确认重点（请确认以下数据是否正确，并将错误处予以订正）： 1）客户姓名 2）客户电话、微信 3）客户住址 4）若有多条联络方式，数据需要逐一确认，并修正错误处（含整理删除重复或错误数据） 若客户数据（车主本人）有变更或需另行建立客户数据（非车主本人），应实时对系统画面进行更正（尽量避免先记录稍后登录）

1. 尖峰时间处置方式

当有其他客户入厂时，应向原客户致歉并向刚进厂之客户打招呼表示欢迎，请其稍候，请厂内其他售后部门人员支持或接待完原客户后，即刻为后来客户服务。

2. 重点服务话术

车辆进厂问候语："欢迎光临"

预约车主进厂："×先生、×女士，您好！我是××服务顾问×××，很高兴为您服务，这是我的名片，请多多指教！"

非预约车主进厂："×先生、×女士等，您好！我是××服务顾问×××，很高兴为您服务，这是我的名片，请多多指教！"

"×先生/女士，请问您的电话是否有变更，如果有变更，请您告诉我，方便有任何优惠活动时能立即通知您。"

3. 接待欢迎动作

注意门口随时可能有车进厂，车一进厂立即迎上前去（用小跑步，显示出朝气与热情）。让顾客感受到公司的生命力，使客人感觉受到了尊重，让顾客对服务顾问的服务非常满意，也显示服务顾问的服务质量和服务特色。

4. 待客如亲

5. 从记得客人的姓名到体察客人的需要

每个客人的独特性都应受到尊重，因此我们要求每个服务人员要知道客人是谁，也必须了解他的需求。

服务顾问熟记顾客姓名的方式如下：

1）预约时记住顾客姓名：顾客来电预约即熟记顾客姓名。

2）看车牌找数据：顾客进厂时即输入车牌号码（或使用车牌识别系统），由系统找出顾客姓名。

3）结账后重复记忆顾客姓名：由结账清单再强化对顾客姓名的记忆。

4）送顾客时加深印象：送顾客出厂时，叫出顾客姓名，以加深记忆印象。

让客人感受到每个员工都知道他是谁，营造良好体验的第一步，更卓越的服务是除了知道客人的名字，还要真正让客人感受到体贴和关怀，这就要更进一步了解顾客，也就是知道顾客的需求。

检车问诊环节，见表 4 - 5。

表 4 - 5　检车问诊环节步骤与动作要点

步骤	动作要点
1. 询问需求	向客户请教此次来厂的需求（保养或维修），仔细倾听顾客需求，以便了解问题的性质、发生时的状况
2. 环车检查及建议	带领客户做环车检查，确认外观、油量并拍照录入系统，必要时提出维修建议，推荐快速钣喷、保险服务
3. 维修历史查询	利用系统进行维修履历查询
4A. 定期保养	若客户单纯做定期保养，则依定保作业表逐项向客户说明与确认 重点：介绍全车检查单服务
4B. 维修	若车辆须进行问题点查修时，应详细且有系统地确认故障问题点，确认重点（使用设计好的故障问询记录单） 1）确认问题点发生位置、频率、现象等 2）确认故障发生时的环境状况，天气、路况、车速等 3）以顾客的口吻记录对问题点的描述 4）以专业判断记录工作指示
5. 系统录入	将客户委修项目及以上确认结果逐项简要登录于系统问诊记录栏内

沟通话术：

“×先生/女士，您反映的问题发生的部位大概在哪里？您反映的问题大概多久发生一次?”

“您听到的是不是‘嘶嘶’声?”

“×先生/女士，我重复一次您反映的问题：在雨天下坡时踩制动踏板时右前底盘有‘哒哒’声?”

“×先生/女士，根据您反映的问题我们将为您的爱车检查右前悬架系统以及制动系统，如因检查后发现机件故障或作用不良需维修时，稍后再向您报告。”

案例工具：

××服务顾问故障问询记录单，如图4－1所示。

发动机状况：□热 □冷 □暖

故障发生在冷机后的某一时间？□否 □是 多长时间： 外部温度：

故障发生时行驶条件是否起到一定作用?

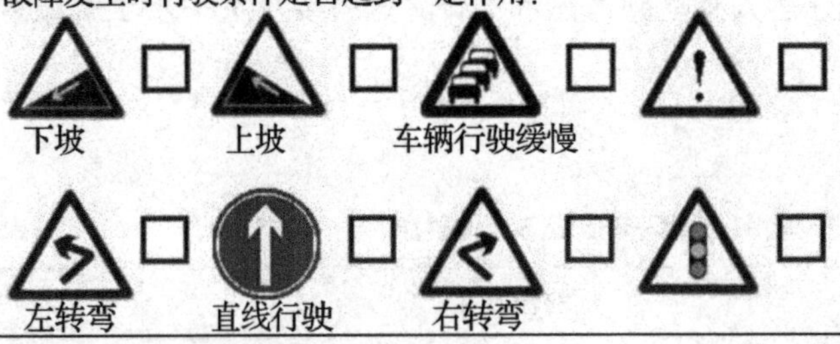

故障发生时时速是否起到一定作用?	□是，速度介于（)~( ) km □否，任何速度下都会发生故障
故障发生时档位选择是否起到一定作用?	□P □R □N □D □其他
故障发生时路况是否起到一定作用?	□平坦 □越野 □粗糙 □任何 □其他
故障首次出现的时间?	在行驶到（ km）突然出现 □是 从行驶到（ km）逐渐出现 □是 自新车时就出现 □是
故障的频率?	□很少 □有时 □频繁 □始终

可以帮助诊断的所有附件信息?

漏 水		
泄漏发生的时间?		□降雨期间 □降雨后 □清洗车辆时 □小雨 □大雨
泄漏最明显时车辆处于什么姿态?		□水平 □上坡 □下坡 □向左倾斜 □向右倾斜
		□全部 □其他请注明

图4－1 故障问询记录单

估时估价环节，见表 4 – 6。

表 4 – 6　估时估价环节步骤与动作要点

步骤	动作要点
1. 估时	完成初步问诊后，针对客户同意进行维修保养的项目预估所需时间（交车时间），并征询顾客同意 重点：将预估交车时间登录于系统内
2. 开立维修单	确认数据均已登录 DMS 后，由系统打印出维修工作单，服务专员实时签名（全名）
3. 估价	针对客户同意进行维修保养的项目，逐项进行预估费用说明，并将预估费用填写在工单上 维修过程中，必须追加零件/工时，务必立即向客户说明追加原因及追加金额，并取得客户同意（尽可能取得客户签名确认），同时须修正预交车时间
4. 客户是否在店内等待	确认客户是否在厂内等候，记录于维修工作单内。 若客户不在厂内等候，应请问客户如有追加或变更时如何联络（如手机），记录于维修工作单内
5. 贵重物品寄存	提醒客户贵重物品勿放置在车内，可提供寄存服务
6. 客户是否洗车	确认客户是否洗车，记录于维修工作单内
7. 签字确认	向车主再一次确认维修工作单记录之内容，请客户确认后在工单交修栏内签名 若客户有修正或追加项目，请直接修正于维修工作单上，事后再修正系统
8. 预约以及活动介绍	若厂内有举办相关客户活动，如健诊、促销优惠等活动，应特别向客户说明活动内容。适时倡导预约维修之优点，须强调预约车辆进厂 10min 未开工，则当次保养机油免费

沟通话术：

　　"本次保养/维修工时费××元，零件更换需××元，预估合计约××元。"

　　"本次保养/维修时间预估××小时（天）完成。"

　　"如因检查后发现车辆有其他机件故障或作用不良须维修时，我来联系您。"

4.1.4 客户服务流程

流程四、客户服务

客户体验：客户休息区很舒服。流程说明，见表4-7。

表4-7 客户服务流程步骤与动作要点

步骤	动作要点
1. 将客户引至客户休息室	将客户引至客户休息室休息，并主动提供茶饮及书报杂志（客户休息室应有专人定时维护、随时保持清洁）
2. 服务说明	为客户介绍服务厂、客户休息室等休息或差异化服务设施 1）无线账号密码 2）按摩椅 3）其他差异化服务介绍
3. 维修进度	介绍车间进度看板功能，并主动告知客户维修进度

客户在店等待，接受客休服务好处非常多：

1）客户休息室是非常好的服务展现场所，客户休息室内可以有效植入公司活动广告，增加销售的机会。

2）客户在店休息即修即走，避免厂内车位资源被长时占用。

3）客户在店内客休区是与客户交流的绝佳机会（比如延保等项目的推荐）。

4）客户在店等待方便服务顾问及时确认维修中的追加项目。

5）客户在店等待是经销商品牌价值的展现时机。

设计形象突出、令人舒服，让客户愿意留下来的休息区，并由此重构经销商的服务价值，找到新的盈利机会。

4.1.5 交修与品质管控流程

流程五、交修与品质管控

客户体验：车间技师在认真对待我的车辆。

流程说明，见表4-8。

表 4 - 8　交修与品质管控流程步骤与动作要点

步骤	动作要点
1. 交修	将工单交调度/组长进行派工。派工时将工项派给适合的技师，把握适才能胜任原则。维修中非测试必要不可开放音响及冷气（确保客户个人隐私）。依照保养项目落实保养，随时维护车辆内外整洁，并放置翼子板护套
2. 维修进度管理	维修中利用作业进度管控系统等工具以及以走动式管理监督所有作业进度
3. 交车时间确认	随时与组长讨论厂内工作负荷量，以作为后续交修重点。在车辆预交时间，若无法于约定时间内交车，须主动告知客户。在预计交车时间前××时间内或接近午休及下班时间前，务必进行现车检查、确认工作进度
4A. 追加项目	维修过程中，如有须追加零件/工时，务必立即告知客户，向客户报告追加原因、零件供应状况及追加金额。取得客户同意及签名，并将客户的回复记录在工单上，同时须修正预交车时间
4B. 缺料	若有缺料状况时，应报告组长，进行调料等处置，若无法于当日取得，应进行简易维修及调整，并立即向客户说明，主动为客户择日预约入厂或请客户等待到料通知
5. 完工确认	确认维修项目均处理完成后，维修技师于维修工作单上签字（全名）。针对剩余机油/更换零件进行包装留置
6. 专业检测	进行汽车尾气、制动力、侧滑等检测
7. 车辆清洁	进行车辆清洁，包含车内外清洁、烟灰缸清理等，且注意车身水滴擦拭干净；若客户不要洗车，应强化前后风窗玻璃清洁及烟灰缸清理
8. 移至完检区域	将车辆移至完检区（特定区域或车位）进行完检作业

1. 分派工作

必须注意要点建议如下：

1）立即派工：养成立即派工习惯，提高现场效率、加速维修动能。

2）依车况分配适当技师：了解厂内技师技能程度，并依车况分配适当技师。否则对于准时交车与维修质量满意度将造成一定影响。

3）现场技能训练：在技师人员较空闲时，由技术经理、内训师进行故障问题点排除的经验分享，以提升厂内技师维修技能。

4）人性化派工：相同工作重复派予同一技师承做，虽对于效率、质量有所帮助，但也要注意技师因相同工作欠缺变化而产生疲劳状态。

5）掌握平衡派工原则：不管工作难易，在派工时要掌握平均分配法，以避免引起技师不平衡情绪。

6）完工时间的要求：派工时必须有完工时间的要求，否则不仅维修效率下降，维修进度失控，准时交车的满意度也会下降。

2. 派工时对维修技师的相关叮嘱

1）说明车主独特的用车习惯（如客户有特殊习惯）。

2）提醒过去所犯的工作缺失。

3）特别维修项目要清楚说明。

4）对于其他待查项目交代清楚。

5）一般或特别的免费服务工作要再次强调、确保完成。

3. 返修车的派工

1）原工处理：返修车原则上可派给原技师处理，但对于返修原因，须确实掌控与了解。

2）优先处理：返修车派工，应采取优先处理方式，并且向车主说明及道歉。

3）寻求协助：重大问题的返修车，服务顾问立即交于车间主任安排展开会诊，快速彻底解决此问题。

4）注意保固：新品零件不良造成返修，应注意是批量问题还是个案现象，若为批量问题，应立即向上级反映情况，以寻求解决的方法。

4. 不得已延误交车时间的处理方式

1）掌握最低原则：尽量将无法准时交车的车辆数降到最低。

2）事前说明原则：事前说明胜于事后解释。对于无法准时交车之车辆，必须事前向车主说明并取得谅解。

3）一次变更原则：维修车辆的交车时间延期变更后，必须在变更时间内完成交车，千万不能一拖再拖。

4）事前掌握原则：对于需要拆解后再议或有追加可能的车辆要优先考虑，如此可避免延时交车的可能。

5. 维修项目追加

追加项目时工作人员要认真分析问题所在，小心求证分析对策，尊重顾客权益，随时维护车辆内外整洁，满足顾客需求，依照保养项目落实保养。

（1）追加沟通的技巧

1）有安全顾虑的项目优先，要区分有立即危险、亟须注意与必须重视等级，如确属有立即危险而车主仍不愿修理时，应在工单上填注"车主不修理"字样，并礼貌地请顾客签名，并力劝车主千万不能掉以轻心。

2）有扩大损失的项目居次，以比较法的方式向顾客建议"花小钱省大钱"，如更换老化水管费用不过数百元，但是因扩大水管漏防冻液造成发动机过热损坏必须换总成时就损失巨大了。这类的追加项目获得车主同意的概率最高，也最容易博得消费者的信任与满意。

3）适当建议维修，车辆外观如涂装或车身件的破损等，可适当地建议顾客是否要处理，但不要有强求的意味，应依车主的身份、用车习惯、车龄、车况、车价等因素来考虑拿捏，再做适当的建言。

车况检查，用意是确认车辆现况，以防止未来可能的争端与避免无谓损失。积极的服务顾问会借此机会沟通以创造业绩。

（2）在进行追加联系时，应注意下列细节

1）告知顾客确实追加金额，并以一次报价为原则，请勿分次说明，造成顾客不便与误解。

2）维修项目追加时，应告知顾客交车时间是否延后。

3）所有追加项目所更换下来的旧品应妥善保存，以利于向顾客说明。

4）提早通知车主追加事项，以避免让车主空跑一趟，或发生钱不够的情形。

5）在接车前，务必确认车主可联络电话，以方便追加时联络。

6）对于保险件拆后再议部分，应主动向理赔人员说明，此刻取得认可，可以增加未来二次定损的便利性。

7）追加要求应由现场技师主动提出，不能取而代之，否则极易引起不必要的争执与反感。

8）遇有不确定的追加因素，应保留运作弹性空间。

9）追加内容若已确定，应第一时间通知相关人员，包括承修技师、零件人员、续修技师等。

10）追加联系须尽早完成，避免造成现场停工等待情况。

11）对于容易引起争议而又无法实时联系到车主的案件，必须保留现状直到车主同意，但须注意记录与车主联络时间、方式，以取得车主谅解。

4.1.6 质检与结算流程

流程六、质检与结算

客户体验：知道了他们在对交修项目一再检查并确认。

流程说明，见表4-9。

表4-9 质检与结算流程步骤与动作要点

步骤	动作要点
1. 确认交修项目	现车检查完工项目和更换零件，针对维修工作单逐项确认交修项目是否皆已完成
2. 确认是否有差异	完成所有书面文件，若有必要将费用详细列举；如果费用与原预估费用差距很大，应找出原因并做好详细说明的准备
3. 确认旧件展示	准备好要归还车主的文件、旧零件或剩余机油
4. 确认车辆清洁	确认车内外清洁工作，确认座椅、时钟、收音机是否复原，车身是否擦拭干净，有无水迹
5. 终检签字	以上项目均已确认处理完成，终检员在维修工作单上签字（全名）
6. 移动车辆	将车辆移至待交车区域
7. 护具回收	收回椅套、转向盘套、变速杆套及脚垫

完工检查重点，见表4-10。

表4-10 完工检查表

步骤	动作内容	基本动作及注意事项
1. 尾气检测、制动力检测	1）将车开至检验区做尾气检测 2）做制动力、侧滑检测 3）依维修工作单委修内容逐项确认是否修复	1）尾气检测值应记录于工作单上 2）制动力、侧滑检测值应记录存盘

（续）

步骤	动作内容	基本动作及注意事项
2. 签字确认	1）完检签字 2）路试检查	完检无误后由组长、质检在工作单上签字。 若有问题必须查清再做覆检，绝不可轻松放过，以免衍生客户投诉
3. 路试确认	与顾客做路试确认	1）会同顾客进行路试时，需仔细聆听顾客所描述状况 2）依顾客所描述状况模拟测试，以确认问题点已消除 3）若顾客所提问题点在多次检测下均不再发生，请以委婉口气向顾客说明 4）请顾客协助记录发生时的相关数据，以利于问题点判定和解决
4. 车辆清洁	1）车辆清洁 2）收回椅套、转向盘套、变速杆套、脚踏垫	1）维修车交各组长或技师迅速处理 2）将车内烟灰缸倒清干净，并将椅套及转向盘套收回折好 3）做清洁服务时务必让顾客知道，必要时可在顾客面前执行 4）注意顾客是否急需用车 5）若无洗车服务，须将风窗玻璃清洁干净

1. 三个动作

1）交代的事项都让顾客逐一确认，并且让客户感觉我们已完全做到。

2）没有交代的事项亦主动帮助客户检查并告知客户（额外免费检查）。

3）强化：如轮胎、制动片已磨损，告知车主建议下回更换及预告下次进厂维修事项。

以上三个动作，就是让顾客感受深刻，在车子出厂后可安心行驶。

2. 完检必须注意的重点事项如下

1）依工作单所记载项目逐项检查，以确认每一项均已完成检修。

2）若有漏失维修项目，应由负责维修技师再作处理。属小问题或微调动作，则直接处理，是否退回车间由技师处理则视状况决定。

3）对于在行驶状况下才产生的问题，如异响、偏向等，视实际需要进行路试验收。

4）对于返修车辆的问题点，须全部进行复检工作，以确定问题点已处理完毕。

5）利用厂内检验设备，对于制动等安全项目进行测试。

6）对于顾客所交代的免费服务项目，应逐项进行检查，切勿疏漏。

7）检查车身内外的清洁，须留意技师可能因疏忽而造成的状况：如仪表板上有技师手印、门把残留油渍等，必须确保清洁完毕。

8）旧品应以旧件专用筐存放，放置于旧件展示区域。旧品若有油或水而可能造成溢出时，应先以干净塑料袋包装，并提前清理脏污部位以免污损车辆。

9）在进行交车完检时，应注意部分机件的润滑，如四门铰链、座椅机构等，这些小动作很容易带给顾客好感，但也是现场较难注意的细节。

10）完成完检的车辆，必须妥善停放固定位置，并于工作单上注明，以免交车时找不到车，造成交车时间拖延。

11）若完检时发现维修上的瑕疵，或是出现漏修项目而导致无法准时交车时，除紧急通知技师再作处理外，应即刻联络车主延后交车，以免顾客空跑造成抱怨。

统计完检时的瑕疵或缺失，并以实际的事例或数据来要求现场技师改进。完检交车的比例越高，显示现场技师的技术力越高，服务厂的竞争力也会相对提高。

4.1.7 交车服务流程

流程七、交车服务

客户体验：除了完成工单内容，他们还为我做了很多服务。

流程说明，见表4－11。

表4－11 交车服务流程步骤与动作要点

步骤	动作要点
1. 交车准备	核对所有与交车、结账有关的书面文件、零件、数量，覆算维修金额，并打印结账清单
2. 通知客户	通知车主完工取车；对于不在厂客户应以记录于维修工作单上的联络方式（如手机号码、微信号等）联络客户，并提醒客户维修金额
3. 交车说明	1）向客户说明作业项目及内容，并展示更换下的旧件，询问客户是否携回 2）维修项目及金额详细说明（有使用套餐客户，应针对套餐项目及金额详细说明，套餐中有调整检查项目者，应针对此部分检查结果向客户详细说明） 3）更换零件保固说明 4）重点：免费差异化服务说明，如作业质量及发动机舱清洁等 5）提醒建议事项（如下次保养应更换制动片、前后轮对调等）

（续）

步骤	动作要点
4. 收银结账	1）引导顾客至柜台结账 2）会计人员起立招呼问好 3）确认结账方式（现金/刷卡/支付宝/微信） 4）确认发票格式（普通发票或增值税发票），并打印发票 5）请客户于维修工作单及结账清单签字确认 6）将结账清单/发票折妥交予客户
5. 送客户离厂	重点：引导客户至车旁，向客户致谢并礼貌送行，指挥出厂

重点对应话术：先说明差异化服务

"×先生/女士，发动机舱的清洁一定要注意，外面的洗车人员对发动机不了解，很容易搞出问题，咱们每次保养都会为大家免费做发动机舱清洗的，您看一下效果。"

"×先生/女士，您的车辆维修状况是这样的……"

"这是您维修更换的零件，请问您是要留着还是由我们代为处理?"

"我们已为您做了洗车、清倒烟灰缸及清洁前后风窗玻璃等服务，请您检查车辆物品是否完整。"

"×先生/女士，本次保养/维修，工时费××元、零件××元，总计××元整，请问您是付现金还是刷卡?"

"您维修更换的零件，享有原厂保固 1 年或 2 万 km，如您在使用上还有任何问题，请您与我们联系，我们会立即为您处理。"

"您下次的保养里程是××km，请记得前来保养，或以电话预约回厂，我们会依照您指定的时间及技师帮您做维修。"，"欢迎您下次使用我们的预约服务，可以让您减少进厂等待时间，及享有多项优惠。"

"×先生/女士，今后若有任何问题，请随时与我联络。谢谢您，再见!"

交车说明

1. 交车时客户容易产生的不良印象

可能所有的服务流程直到开完发票向顾客收款都已细心及专业化地完成，但很多时候售后服务厂依然会让顾客取车时有下列不良印象：

1）没有人立即上前迎接顾客。

2）没有人准备为顾客解释已做的工作或回答问题（收银只能解释收费项目，而不能解释收费的理由）。

3）顾客的车辆不在附近，而且很难找到。

4）假如顾客有问题，可能很不容易找到售后服务厂内的人来解答。

5）在售后服务厂内看不出任何迹象显示他们对顾客感谢的诚意。

2. 注意事项

1）假如车辆到交车时间还没完工或没有找到客户的问题点，而且事先也没有告诉顾客，那么情况就会更糟。

2）顾客在一天结束时被对待的方式与在一天开始时是同样的重要，因为我们讨论的并不是单一次的服务交易，而是一个长期的关系，良好的关系可以让顾客愿意重复购买新车或转介绍。

3）切记顾客并没有看到他的车辆在服务厂中维修时经历的过程，大多数的人并不了解要把车辆一次修好的复杂性，也不了解作业流程，交车将是给顾客做的服务化为商品的时机，并确定顾客在离开售后服务厂时是满意的，假如不满意客户很可能不说但下次不会再回来了。

4）一个流畅、仔细设计的交车过程，是顾客成为忠诚用户的最后步骤。

3. 被动式与主动式交车

1）被动式交车：交车可能是在整个服务过程中最被忽视的步骤。被动式交车方式是顾客直接到结账柜台付钱，拿他的钥匙和发票，然后去寻找他的车辆。这时，其他顾客在他的后面排队等他离去，然后他们跟着前面做同样的步骤。这种被动式交车方式将大多数的负担加诸在顾客身上，而不是在服务厂，留给顾客的是一个负面的最终印象。大家可以想象一下在医院跑上跑下挂号、化验、缴费、取药的感受。

2）主动式交车：服务顾问在交车前已做好准备工作，并等待顾客的来临。服务顾问以工作单向顾客解释服务人员做了什么、为什么要花这么多（或比较少）钱，并回答顾客任何可能的问题。以完检表来宣传售后所做的额外服务。顾客结账后引导顾客至交车区取车，挥手目送客户离开。

4. 交车步骤

1）检视结账明细：交车的第一步骤是检查结账明细以确定顾客所关心的事都已处

理好，包括在上班时间与顾客在电话中所达成的协议（需复查价格的合理性）。

2）审阅完检表：假如有不清楚的地方，则向车间终检技师询问。

3）车辆清洁检查：检查车辆的清洁性以及技师可能遗留的工具、零件或文件。要特别注意座椅、转向盘、地毯和门把是否清洁。检查可能在厂区或停车区所造成的外观或内装的损伤。

4）事前联络：如客户不在厂，则打电话通知顾客。打电话内容包括解释需要的额外服务（如完检表所示的项目），更应包括向顾客报告车辆已维修好了，而最后价钱是多少，金额应尽可能以正面的方式表示，例如："价钱总共是 5000 元，与估价相符或比估价少××元。"

5）交车区准备：当顾客到达时，引导（利用指示牌）顾客至接待处，顾客一到达时服务顾问马上将钥匙交给技师，请技师将车辆开至交车区。交车区最好是有屋顶遮蔽的交车专区或是接车区的一部分。

6）拆除四件套。

7）共同确认明细：当技师取车时，服务顾问与顾客一起审视结账明细，解释所执行的费用标准，并回答顾客的问题。

8）完工检查单的加强额外说明：假如服务顾问事先没与顾客在电话中讨论完检表，此时是与顾客讨论的另一个时机，主要是让顾客了解他的车辆有受到妥善的照顾。除非有人向顾客说明，否则顾客可能永远不会留意完检表这"额外"多出来的文件。

9）陪同结账：服务顾问陪同顾客到结账柜台，并留意顾客是否结账，带顾客至交车区。

10）感谢顾客：谢谢顾客并表达期待下次的服务。交车并不是交易的结束，而是与顾客维系关系的一小步。

感谢顾客的话术："谢谢您一直照顾我，谢谢您的支持，请多提宝贵意见，有任何需要直接联系我。"

11）提醒下次进厂时间、里程，最后告诉顾客下次的保养里程及大约的保养日期（使用下次保养提醒贴纸）。

4.1.8　服务后回访流程

流程八、服务后回访

客户体验：他们希望获得我的满意认可。流程说明，见表 4 - 12。

表 4 –12　服务后回访流程步骤与动作要点

步骤	动作要点
1. 服务顾问当日问候	问候客户，是否安全到家，请客户给予认可
2. 客服次日回访	官方角度回访客户，询问客户改善建议

满意度考核是经销商售后的重点指标，所以我们在回访时会拜托客户给我们一个高的评价，这是一个很现实的问题。我们要思考的核心不是做不做，而是我们要给客户传递一种什么样的服务态度。

我们之前的做法是客服回访和客户说明只要客户给予非常满意的评价，店里就会有偿回馈，其实这个服务态度并不好，所以这个环节中应该加入服务顾问的当日问候，通过服务顾问当日回访，向客户传递一个我们非常希望获得客户满意认可的服务态度。

客服次日回访的时候可以在服务顾问回访基础上做情感交流，在请客户给予满意度评价的同时给予我们服务改善建议。

电话礼仪及电话技巧的基本认知如下：

1）态度上应谨慎、礼貌、专注、亲切。

接听电话态度须诚恳、真挚，避免用"喂""唔""哼"等字句回答，代以"对""好""是"来表达并注意听其陈述。

2）声调、音量适中，速度不急不慢，并融入感情。

电话交流中，另一方是可以感受到我们的情绪的。试想一下如果有人嘴上说"谢谢"，心里却把对方恨得牙痒痒的，受话者必定也能感觉出心不甘情不愿的意味。

多使用简单、直接的语言，例如"是的，好的，谢谢您"等。

交流中咬字要清楚，例如"徐"和"许"、"黄"和"王"、"董"和"总"，在电话中很容易混淆，谁都不喜欢被人改名换姓，张冠李戴。

3）不要直呼姓名，请在姓名后加上头衔或称谓，如"先生""女士"等。

4）常用礼貌用语"请问""谢谢您""对不起""很抱歉"。

5）使用称谓取代"你""我""他"，常说"您"取代"你"，"我们公司"取代"我"以"×先生"或"×女士"取代"他"或"她"。

6）挂电话前应先用手轻按切话器，切勿用力将话筒挂上，以免传出回响让对方误以为您挂了他的电话。我们必须等来话者先挂电话才能挂上电话，结束通话，不要留给客户匆忙、应付的不快感觉。

7）处理顾客抱怨。

遇有客户抱怨，请耐心倾听，不要随意打断，将问题摘要写到记录表或系统中，并将写下来的问题复述一遍，一来表示重视、二来便于处理。超过权责或问题不清楚前，不可轻率作出承诺。

常用应对话术：

"很抱歉，让您有这样的想法，容我进一步了解情况后再向您回复。"

"非常抱歉，这是我们的疏忽，我们会尽快处理，请见谅！"

"非常抱歉，我们的服务没有让您感到满意，我们会虚心检讨改进，谢谢您的指正！"

倘若车辆问题尚未排除，请立即确认并告知有无安全问题，并征求客户尽快返厂检修。

4.1.9 服务改善流程

流程九、服务改善

客户体验：真正重视我的感受和我的意见。

流程说明：

经销商成立由总经理出任组长的客户服务改善小组，定期回顾各部门客户反馈的问题，形成服务循环改善提升机制，见表4-13。

表4-13 服务改善流程步骤与动作要点

步骤	动作要点
1. 咨询与抱怨	客服记录并安抚客户，承诺回复时间（×小时内） 填写抱怨处理表，交相关部门，明确处理责任人和时限
2. 内部处理	相关部门经理找到问题根源并制订改善方案
3. 部门经理回复客户	相关部门经理与客户沟通解决方案，获得客户认可 抱怨处理后，在抱怨处理单上将过程补充完整，交回客服 重大客诉报总经理协调处理
4. 客服跟踪	跟踪访问客户，并感谢客户反馈

（续）

步骤	动作要点
5. 汇总反馈	客服部门汇总客户抱怨单，分析总结服务中的问题点
6. 服务改善	定期召开服务改善会议，形成服务改善的执行落地方案
7. 邀请客户参与改善	将改善情况反馈给客户，请客户监督，感谢客户并欢迎客户继续提出建议

这个流程的核心是要让客户感觉到我们重视客户反馈的事情，并为之作出相应改变。在步骤上我们设计了邀请客户参与改善这个步骤，目的就是将我们以客户为本的服务理念传递给客户。

4.1.10 峰终定律

整个九大体验流程的目标是获得客户对我们的认可，需要做的工作很多，那么如何迅速落地提升客户满意度？

峰终定律是核心方法之一。

诺贝尔经济学奖获奖者、心理学家丹尼尔·卡纳曼经过深入研究，发现我们对体验的记忆由两个因素决定：高峰（无论是正向的，还是负向的）时与结束时的感觉，这就是峰终定律（Peak – End Rule）。

这条定律基于我们潜意识总结体验的特点：我们经过对一项事物的体验之后，所能记住的就只是在峰与终时的体验，而在过程中好与不好体验的比重、好与不好体验的时间长短，对记忆差不多没有影响。高峰之后，终点出现得越迅速，这件事留给我们的印象越深刻。

而这里的"峰"与"终"其实就是所谓的"关键时刻"（Moment of Truth，MOT）。

峰终定律告诉我们要尽量增加最后阶段的体验愉悦度。

在服务中体验的先后顺序很重要。服务之后，经过数天、数周、数月，消费者对整个服务过程中高点和低点的记忆明显更为深刻。

用户记忆中的高点和低点的先后顺序将会大幅改变用户体验。

比如，一些高端连锁酒店就很好地在应用，它们会在商务旅客办理入住登记时就收集付款信息，免去了客人次日结账退房的排队等候之苦。酒店还为忠诚用户在最后的触点提供免费早餐。

如此一来，服务流程最后的体验低点就被替换为高点，而客人离店前的结账时间也缩短了，整体的住宿体验因此得到了改善。

我们经销商要思考的是我们在售后服务的最后环节即交车这个环节中该如何去设置高点。

在整个客户来厂接受服务的过程中，接车开立工单实质上是我们和客户达成合同，而交车则是我们在交付合同。服务流程中接车与交车是我们提升客户满意度的关键。

我们需要依照店内的实际情况在接车与交车环节中做精心的设计。

同时，我们更要考虑如何能够提升服务顾问的服务能力，确保这些用心的服务设计可以有效落地。

在一线的实际落地中，我们可以采用剧本的方式做接车与交车的演练，演练过程全程拍摄，反复研究打磨。

案 例

服务顾问接车剧本与交车剧本

接车剧本

迎接客户	服务顾问：您好，欢迎光临××厂，我是服务顾问×××，很高兴为您服务，请问您的车辆是维修还是保养？ 客　　户：今天是来保养车的 服务顾问：好的，请您带好您的手机、现金、钱包等贵重物品？我这边给您的爱车做一下登记，您看可以吗？ 客　　户：行，好的，没问题
接车问诊	服务顾问：除了保养，您在用车过程中还有什么别的问题吗？ 客　　户：别的也没有什么问题，就是感觉底盘有点异响 服务顾问：大概是什么路况，您可以简单描述一下吗？ 客　　户：就是走烂路的时候有异响，走平路没有异响 服务顾问：行，好的，我已经帮您做好登记，这种情况可能是护板螺钉松了，导致异响，一会儿在保养的时候，我会让师傅详细给您检查一下底盘，您看可以吧？ 客　　户：可以的 服务顾问：您好，请把您的车钥匙给我吧，接下来耽误 5 分钟左右，给您的车做一个全面检查，您看可以吧？ 客　　户：好的 服务顾问：您的爱车平时保养得挺好的，车内挺干净，我现在为您的车套上四件套，避免在保养维修过程中弄脏您的爱车 客　　户：非常感谢

（续）

接车问诊	服务顾问：现在为您检查车辆功能，您的爱车现在仪表显示工作一切正常，室内灯光、刷水器等一切正常（下车时顺便打开发动机舱盖开关），保养过程会安排师傅给您做进一步详细检查，您看可以吧？ 客　　户：好的，谢谢您
环车检查	服务顾问：不客气，接下来，需要您陪同我一起给您的爱车做一个环车检查。您好，这边请，首先，看一下车的左前方，您的车平时使用都比较爱惜，左前门、左前后视镜、左前翼子板都没有划伤，保持得比较完好，左前轮胎及轮毂、制动盘/片从目测看都没有什么问题，一会安排师傅具体再测量一下，然后我们再看一下车的正前方，发动机舱盖、前保险杠、前照灯、风窗玻璃也没有什么问题，都保护得挺好的，接下来我们打开发动机舱盖看一下，您的防冻液有点少了，一会儿会免费给您添加，其他油液看着都在正常范围内！（拔出机油标尺）机油看起来挺黑的，确实需要更换了，我们再来看一下车的右前方，右前侧检查：右前门、右前后视镜、右前翼子板都没有划痕，挺好的，轮胎制动片都看着没问题，（打开右前门）。我看了一下您的保险贴，您的保险马上就要到期了，该购买了，我们店现在续保也有活动，今天也可以一起办理的，一会儿可以了解一下。您这边请，看一下车的右后方、右后门、右后翼子板、右后轮胎及轮毂、制动盘片、车门把手、车辆漆面，依然没问题，但是制动片看着不是很好了，厚度大概只有 5 毫米，安全厚度是 3 毫米，建议您这次一起更换，以免影响您的行驶安全，接下来是车后方，您平时挺爱惜车的，漆面都很好，您看方便打开行李舱盖吗？车辆行李舱工具都挺齐全，一会儿会安排师傅给您检查一下备胎胎压，以备您不时之需，最后是车辆左后方、左后门、左后翼子板、左后轮胎及轮毂、制动盘/片，同样这边也是制动片的问题，建议更换，我们的环车检查已经检查完了，请您确认一下预检信息，手机号、里程数、燃油表数等是否正确，麻烦您将车内的贵重物品随身携带，以免丢失，请您签字确认 客　　户：好的，没问题
制作工单	服务顾问：在保养的过程中师傅会给您的爱车做 12 项常规检查和 8 项深化检查，比如：灯光、胎压、悬架、转向系统、制动系统，底盘都会仔细地检查，这些检查都是免费的，有什么问题我会第一时间通知您，下面，我们一块儿确认一下维修工单吧（锁上车，手势引导客户进屋） 客　　户：走吧 服务顾问：您好，请这边坐，我们这里有柠檬水、茶水、白开水。请问，您喝什么？ 客　　户：来一杯白开水吧 服务顾问：好的 服务顾问：麻烦您再次核对一下信息，以便今后有什么活动可以准确地通知到您，根据您的记录这次需要更换机油、机油滤清器、空调滤芯，还有后轮制动片，总共价格为 ×× 元，您看可以吗？

（续）

制作工单	客　　户：空调滤芯必须更换吗？ 服务顾问：根据您的保养记录，空调滤芯已经1万多km没有换啦，空调滤芯过脏会影响空调制冷效果，时间长了会产生异味、滋生细菌，危害咱们的身体健康，建议您还是换了吧 客　　户：那行，还是换了吧 服务顾问：您本次的维修项目为更换机油、机油滤清器、空调滤芯、后轮制动片，维修材料费是××元、维修工时费是××元，总计为××元，大概需要一个半小时，您看可以吗？ 客　　户：行，好的，没问题 服务顾问：您看换下来的旧件需要带走么？ 客　　户：不需要 服务顾问：我们针对进店保养客户提供车辆外观免费清洗活动，您看保养完需要清洗一下吗？ 客　　户：当然洗了
安排等候	服务顾问：好的，没问题，我给你登记上，这是维修工单，需要您签字确认，那您是在店等候还是暂时离开呢？ 客　　户：今天没什么事，就在店等候吧！ 服务顾问：行，可以，这边请，请到休息区等候，车辆保养完毕我会通知您，祝您休息愉快。如有需要，您可以随时来前台找我，我叫×× 客　　户：好的

交车剧本

交车前准备	维修技师将车辆、钥匙、质检工单交与服务顾问，服务顾问首先检查客户反映问题的解决情况，了解是否解决后，检查保养项目完成情况，根据工单相对应项目检查旧件与车辆完成情况，确定无误后回到前台办理交车工作，为客户准备维修工单、结算单、"12+8"终检单，准备下次保养提醒卡，交车包等手续，然后到休息区通知客户提车
通知客户	服务顾问：您好，您的爱车已经维修完毕，您刚刚反映的底盘异响问题刚刚师傅已经给您检查过了，确实是护板螺钉松了，已经帮您做了紧固处理，请您放心使用，车我已经给您检查过了，车况挺好的，这边请，我陪您一起去看一下吧！ 客　　户：好的，走吧！
旧件展示	服务顾问：您好，哥，这是您本次保养更换的机油滤清器、空调滤芯、后轮制动片，滤芯确实比较脏了，制动片也确实该换了，我们所有换上的配件都是××汽车原厂配件，而且您的后轮制动片更换之后还有6个月或1万km的质保时间，请您放心使用，您看旧件有需要带走吗？如果有需要我帮您放在行李舱里 客　　户：不用了，没有用 服务顾问：那行，我们会做旧件处理，您看对旧件这方面还有什么别的问题吗？ 客　　户：没有了

（续）

成果展示陪同验车	服务顾问：那行，您的爱车我们已经准备好交车了，已进行了完工检查和车辆外观清洁，我陪您一同去看一下吧！（手势引导客户到车旁边） 客　户：好的 服务顾问：您看您的车辆外观已经做了清洗，您还满意吗？ 客　户：行，挺好的，谢谢你 服务顾问：（打开发动机舱盖）您看刚刚在保养的过程中我们给发动机舱做了免费清洁，清理了脏物，由于发动机舱属于整车核心部位，里面有线路等许多电子元件，需要专业处理，请您自己不要随便处理，避免造成车辆损伤。如果您需要清理，请随时过来找我，我来帮您安排 客　户：好的，谢谢你 服务顾问：刚刚师傅给您的爱车做了一个"12＋8"项免费检查，车辆一切正常，而且还给节气门做了免费检查，由于您上次保养刚清洗的节气门还不是很脏，现在也无需清理，下次保养需要清洗会告知您，本次更换的空调滤芯、后轮制动片已安装到位，请您放心使用 客　户：好的，非常感谢！ 服务顾问：您看本次保养还有什么别的问题吗？ 客　户：没有了
费用说明	服务顾问：好的，接下来我们一起到财务办理一下结算吧（引导客户回到前台坐下） 客　户：行 服务顾问：这个是本次保养的结算单，您看一下，本次保养项目有机油滤清器、空调滤芯、后轮制动片，维修材料费是××元，维修工时费是××元，总计为××元，您看是否有疑问呢？ 客　户：没有了 服务顾问：好的，这里需要您签字确认，工单出厂需要签字确认，"12＋8"终检单中车辆一切正常，也需要签字确认（引导客户签字）
陪同结算	服务顾问：这是我的名片，以后用车过程中如果有任何问题，可以随时与我联系，您这边请，现在我陪您一起去结账 客　户：好的 服务顾问：请问您是现金还是刷卡？ 客　户：微信吧 服务顾问：好的，没问题 服务顾问：（结完账后，服务顾问将结算单客户联交与客户）这是你本次保养的相关单据，请收好 客　户：好的

（续）

送别	服务顾问：（引导客户到车旁边）您下次保养时间在20××年×月×号或者是××km左右， 　　　　　请您按时保养，下次保养可以提前联系我做进店预约，到时候会有优惠的 客　　户：好的，没问题 服务顾问：谢谢您，祝您一路平安，欢迎下次光临（目送客户离开）

4.2 售后执行管理流程

4.2.1 售后业务的执行管理

4S店的售后业务的执行管理其实一直也是流程化的。服务流程是对外、面向客户的，执行管理流程是对内、面向内部员工的。

4S店售后的业务执行管理流程大多采取经营指标管理制度。经营指标管理是典型的自上而下的一种管理流程方式，见表4-14。

表4-14　目标责任制管理流程的步骤以及动作要点

步骤	动作要点
1. 年度预算目标	基于历史数据，测算出年度经营指标
2. 年度指标分解	预算年度经营指标依照时间维度分解
3. 指标责任制	将分解后的具体指标落实到每一个人，签订责任书
4. 岗位职责的调整	依据工作内容以及具体指标，做岗位职责的调整
5. 指标绩效评估	依据实际业务以及指标完成状态，做绩效评估考核

1. 年度预算目标

传统的汽车经销商的售后管理模式大多采用预算目标制度，以年度预算的财务指标作为年度整个部门管理的标尺，见表4-15。

表4-15　年度预算目标

项目	基础目标	挑战目标	备注
进厂台次			
产值			

（续）

项目	基础目标	挑战目标	备注
毛利			
配件销售额			
配件毛利			
其他项目			
总费用			
总利润			

2. 年度指标分解

依据时间维度，以半年、季度、月、周做细化。

3. 指标责任制

售后的指标是需要服务顾问对每一位客户热情接待、车间对每一台车用心服务，需要售后团队内的全体成员共同努力来完成的。当我们将指标按时间维度细化之后，售后的每一位员工随之肩负了个人的指标。从售后部门服务经理到售后的每一位服务顾问、维修技师，人人都有指标。

4. 岗位职责的调整

主机厂对于售后岗位都有明确的岗位说明书，我们可以根据分解到个人的指标责任书，对岗位职责做相应调整。

5. 指标绩效评估

汽车经销商售后的绩效大多采取提成制，以行业平均水平设计一个岗位的薪水范畴，然后依照实际指标结果进行测算得出一个提成的比例，然后以这个比例作为员工提成的依据。

比如：三线城市的合资品牌维修技师行业工资是7000元，厂里历史数据该技师每个月产值是10万元，那么7000/10万=7%，那么提成点数就定为7%。

依照这个倒算的思路，把这个岗位做的所有业绩的结果指标细化得出以下模式的绩效奖金计算公式来。

比如：绩效奖金=接车台次×0.5元+保养产值×0.8%+保修产值×0.3%+深化

保养提成 + ……

然后再找一些该岗位对应的 KPI 与预算对标进行打分，用这个成绩与奖金相乘，做综合考评后得出最后的绩效，见表 4 – 16。

表 4 – 16　绩效考核表

考核项目	权重	目标	实际完成	得分	数据来源
进厂台数	25%				财务
产值	25%				财务
满意度	10%				客服

这套自上而下的经营指标导向的管理流程，在售后业务相对固定的阶段一直用得不错。

随着环境的变化，这套自上而下的经营指标的管理流程在今天却需要我们重新思考，升级优化设计更符合我们一线执行的管理流程。

其实从一线执行角度出发，我们在目标的实施阶段最好是实施自下而上的经营，见表 4 – 17。

表 4 – 17　执行流程步骤与动作要点

步骤	动作要点
1. 年度预算目标	基于历史数据，测算出年度目标
2. 年度目标分解	预算年度经营指标依照业务模块做月度分解
3. 赋能一线岗位	梳理一线日常工作设定、设计工作辅助工具，提升一线销售力
4. 实现目标的营销	基于目标，匹配资源，设计营销方案
5. 过程进度追踪	经营过程中针对进度做追踪，实施改善方案
6. 目标修正与绩效评估	根据实践对目标做定期修正，用平衡积分卡工具对目标过程做绩效评估考核

大家还记得寓言故事"郑人买履"吧！

有个郑国人，打算到集市上买双鞋穿。他先把自己脚的长短量了一下，做了一个尺子。可是临走时粗心大意，竟把尺子忘在家中凳子上了。

他走到集市上，找到卖鞋的地方。正要买鞋，却发现尺子忘在家里了，就对卖鞋的人说："我把鞋的尺码忘在家里了，等我回家把尺子拿来再买。"说完，就急急忙忙地往家里跑。

他匆匆忙忙地跑回家，拿了尺子，又慌慌张张地跑到集市。这时，天色已晚，集市已经散了。他白白地跑了两趟，却没有买到鞋子。

别人知道了这件事，觉得很奇怪，就问他；"你为什么不用自己的脚去试试鞋子，而偏偏要回家去拿尺子呢？"

这个买鞋的郑国人却说："我宁愿相信量好的尺子，也不相信我的脚。"

他的目标和关键结果是什么？就是买到一双合脚的鞋。但是他马上就转化成了 KPI 指标，自己弄了一个尺子，尺子在他眼里就成了至高无上的东西，然后他到街上的时候，发现尺子没带，他就没办法了，赶紧跑回去取尺子去。

这其实就是典型的只记住 KPI 指标，把目标和关键结果丢到一边的一个例子。

在售后一线的实际执行中，是不是也常有这种将关注点集中于 KPI 指标，造成各种错位的例子呢？

如果反过来，我们把目标确定，关键结果确定以后，整个团队对于结果已经非常清楚了，那么我们不是说要我完成指标，而是我要实现目标。

我们在预算目标确定之后，首先要确认我们的关键结果。比如总毛利、总产值。然后做一些必要的拆分，比如机电总产值、钣喷总产值。

指标是手段，目标和结果才是目的。

当确认了目标与结果之后，接下来是对如何完成目标取得结果做自下而上的梳理。

4.2.2　核心工作岗位的赋能

售后产值是由售后部门的核心生产力单元服务顾问与维修技师通过对每一台车的服务累积而来的。

一线的服务力越强、团队的战斗力也越强，所以整个执行管理思维自下而上，首先是建立赋能一线的思维。

我们需要在原有的岗位说明书的基础上再进一步，岗位说明书解决的是应该做什么的问题，而在实际中真正起到直接作用的是要解决具体怎么做的问题。

我们需要基于核心生产力单元日常实际工作出发，去制订岗位的日常工作规划。对于岗位每天、每周、每月做的具体工作做具体规划，见表4-18。

案例

服务顾问日常工作规划

表 4 - 18　服务顾问日常工作规划

项次	时间	工作项目	工作重点	周期	记录表单
			服务顾问每日工作规划		
1	8:15—8:30	晨会与个人准备	1. 听取早会的内容，对当日工作部署的重点做好准备 2. 确定当日工作准备情况，检查自己的名片、钥匙牌、笔、工作单、检查表等相关工作手续，最主要是准备好端正的仪表和饱满的精神状态 3. 了解前日未结工单情况和留厂车辆作业进度 4. 了解仓库缺料、到料的情况，及时通知客户并同技师做好协调工作	日	定料表与工作日志
2	8:30—9:00	前日工作整理检查	1. 上交工单并再次核对前日工单与电脑资料是否完整 2. 检查前一日索赔业务 3. 上传接待录音	日	工单与录音文件
3	09:00—16:30	SA 接待工作	1. 确实贯彻服务流程，做到流程要求 2. 针对客户车辆问题的情况，为客户协调公司资源 3. 不定时到车间现场观察该车辆的作业情况，随时向客户报告维修进度 4. 及时更新车辆交车时间，并主动让客户了解其车辆即时的工作情况 5. 对当日未结款车辆管控 6. 重点核对及更新客户资料与车辆信息 7. 服务客户，主动向客户介绍维护、使用车辆的常识，推荐公司各项服务业务，拉近与客户间的距离	日	工单
4	16:30—17:00	电话回访以及报表更新	1. 定保邀约与服务活动召回 2. 即时填写回访记录表，重点记录客户异议以及车辆异常情况，并及时处理	日	主动邀约记录表

（续）

服务顾问每日工作规划					
项次	时间	工作项目	工作重点	周期	记录表单
5	17：30	日小结	1. 整理当日工单与接待录音，及时向上级汇报当日客户异议车辆 2. 记录缺料车辆明细，确认零件定料单的填写并向上级汇报 3. 隔夜车的进度及状态追踪 4. 准备明日工作细则，并将未处理的事宜移交值班人员 5. 下班前的6S整理，各物品归位 6. 检查各个电源是否关闭	日	工作记录

服务顾问每周工作规划					
项次	时间	工作项目	工作重点	周期	记录表单
1	周一	未结工单	检查本周未结工单原因，以及欠款跟催	周	未结明细表
2	周五	办公用品检查	检查每周个人办公用品是否与实际需求相符	周	
3	轮休日	休息日工作准备	1. 确认留厂车辆的预估金额及预交时间，并做好相应值班人员的移交工作手续 2. 对明日预约进厂客户做好登记和备注，并移交相应值班人员 3. 了解缺料车辆到料进度，到货时通知仓库及相应值班人员 4. 做好个人工具、资料的相应移交，确保值班人员的工作顺利	周	交接单

服务顾问每月工作规划					
项次	时间	工作项目	工作重点	周期	记录表单
1	依要求	活动通知	把本月的活动以微信或短信的形式发给维护客户	月	微信短信发送记录
2		客户维护工作	1. 接收本月维护客户清单资料 2. 整理客户资料并制订本月阶段维护目标后上报服务经理签字审核	月	客户维护明细表

（续）

服务顾问每月工作规划					
项次	时间	工作项目	工作重点	周期	记录表单
3	依要求	计划及总结	做个人工作小结，在座谈会上分享工作心得。建议内容如下： 1. 总结本月客户接待情况（台次、产值），分析下次返厂时间，并确认客户需要哪些服务 2. 经验分享：不同客户类型，设计针对性服务内容对其服务，"投其所好" 3. 久未进厂客户分析和上报 4. 服务顾问订料更换情况回报 5. 未结账工单整理明细并汇报 6. 根据业绩报表拟订个人下月初步计划	月	服务顾问月度工作总结与计划

根据日常工作的规划去做辅助工具，比如服务情景剧本、展示给客户的店内布置、展板、图片和视频等内容。

这就如同游戏玩家，不但有过关的通关秘笈，让员工了解具体情况下该做什么该怎么做，同时还要有装备，通过辅助工具让员工的工作变得更简单。

这个步骤有效实施后也会解放管理层。

4.2.3　营销方案的执行

基于目标和关键结果更需要售后管理层做调配资源的工作，设计并实施实现目标的具体营销方案。

经营活动本身也是成本，所以在有限的人力、物力和财力基础上，基于目标做取舍，通过资源调配设计具体营销方案是管理层核心的工作。

会员制、季节服务、节日活动、定制服务、轮胎销售专案都是基于结果目标的具体营销方案。

案 例

售后营销方案执行

营销方案实际落地中要以推进表形式做实施保障，将方案分解成可以落实到具体执行人、负责人身上的任务，同时确定完成的标准，并从时间维度设计以日、周为单位进行推进，见表 4 - 19。

表 4 – 19   方案实施推进表

项目	标准	执行人	负责人	实施进度					
				第 1X	第 2X	第 3X	第 4X	第 5X	第 6X
项目 1									
项目 2									
项目 3									

过程进度追踪管控是方案执行的重点，经营过程中要定时针对执行进度做追踪，并就落后部分进行分析，制订并实施具体改善方案。

进度追踪首先要明确实际进度与目标之间的差距，进度看板是非常好用的工具，见表 4 – 20。

表 4 – 20   月度目标日进度看板

时间：×月×日

目标	应达成进度	实际达成	差异	备注
目标 1				
目标 2				
目标 3				

针对落后的情况以具体的时间单位如周、PDCA 形成改善执行方案，见表 4 – 21。

表 4 – 21   ×××改善执行方案

序号	改善项目	现状	问题分析	改善措施	期限	执行人	负责人
1							
2							
3							

4.2.4 目标修正与绩效评估

管理者需要根据实际对目标做定期修正，用平衡积分卡工具对目标结果做绩效评估考核。

售后的年度预算目标设定是基于基盘客户数据、历史经营数据出发而设定的。

但是在实际经营中存在着众多变量，所以如果在一定周期内经营情况发生变化，相应的目标需要定期做调整。行业内一般采用半年这个时间节点对年度目标做必要的调整。

员工的绩效评估涉及员工收入，合理科学的绩效评估可以使公司利益与员工利益一致，实现正面激励。

绩效评估可以从以下 3 个方面入手。

1. 应当遵循基于岗位、绩效、技能三个维度的原则来设计。

底薪由岗位、技能等级、工作年限确定。

××服务经理

底薪＝岗位工资1500元＋技能工资(认证通过200元)＋年限(1年100元)

××车间主任

底薪＝岗位工资1200元＋技能工资(认证通过200元)＋年限(1年100元)

××配件经理

底薪＝岗位工资1200元＋技能工资(认证通过200元)＋年限(1年100元)

××技术经理

底薪＝岗位工资1200元＋技能工资(初级认证通过200元，高级认证通过400元)＋
　　　年限(1年100元)

××服务顾问

底薪＝岗位工资800元＋技能工资(初级认证通过50元，高级认证通过150元)＋
　　　年限(1年80元)

××车间技师组长

底薪＝岗位工资800元＋技能工资(初级认证通过50元，高级认证通过150元)＋
　　　年限(1年80元)

××车间技师

底薪＝岗位工资600元＋技能工资(初级认证通过50元，高级认证通过150元)＋
　　　年限(1年80元)

岗位与技能决定底薪部分，而绩效则对应奖金部分，绩效奖金部分取决于工作成果。

对于岗位做分类梳理，根据不同岗位设计对应的绩效模型。

比如业务管理类、直接面对客户的一线核心岗位，绩效占比要大，而不直接面对客户的支持类岗位，它的绩效占比相对要小，见表 4 - 22。

表 4 - 22　岗位分类

分类	业务管理类	一线业务类	服务支持类	业务支持类
定义	售后的基层管理岗位，各业务面的专业骨干，负责业务经营与团队管理的人员	直接面对客户，工作成果取决于客户与市场，肩负业绩结果	辅助保障服务质量与客户满意度	内部运营，保障服务质量稳定性，实现售后整体满意度
岗位	服务总监 服务经理 零件经理 技术经理 车间主任	机电服务顾问 钣喷服务顾问 机电班组长 钣喷班组长 机电技师 钣喷技师	招揽专员 索赔员 救援服务员 泊车引导员 洗车员	售后信息员 车间调度 质检员 培训师 零件计划员 零件库管员
绩效策略	目标绩效奖金 × 部门整体目标达成 绩效占比 70% ~80%	提成奖金 × 目标绩效达成 绩效占比 70% ~80%	目标绩效奖金 绩效占比 50% ~60%	目标绩效奖金 绩效占比 50% ~60%

2. 绩效考核部分，依照岗位的不同，采取不同的策略

业务管理类绩效设计可以采用平衡积分卡从财务面、客户面、内部管理面、学习成长面这四个角度来做评估，见表 4 - 23。

表 4 - 23　绩效评估指标

评估角度	指标
财务	产值、毛利、专项产品产值等
客户	进厂台次、邀约回厂率、客户满意度等
内部管理	内部检核、有效回访、返修、各类细项工作的完成率等
学习成长	认证通过、演练考核成绩、培训考试成绩等

具体考核依据岗位不同做对应调整，考核指标不宜过多。

案例

售后部门薪酬绩效方案

- **服务经理**

指标类型	关键绩效指标	定义	权重参考
财务面	毛利	产值－配件成本	30%
	进厂台次	售后进厂台次	30%
客户面	内部客户服务系统	内部客户服务系统出现的问题数量	10%
	客户投诉及时解决率	规定时间内处理客诉件数/客诉件数×100%	15%
内部管理面	内部检查	内部工作检查中出现的问题数量	15%
学习成长面	人均培训达标	人均实际培训时数/人均计划培训时数×100%	10%

- **配件经理**

指标类型	关键绩效指标	定义	权重参考
财务面	配件销售额	系统配件出库金额	20%
	备件呆滞率	备件呆滞超过6个月数量/库存配件总数量×100%	20%
	备件库存资金周转率	备件出库成本/备件平均库存成本×100%	10%
客户面	内部客户服务系统	内部客户服务系统出现的问题数量	15%
内部管理面	内部检查	内部工作检查中出现的问题数量	10%
	备件的供应及时率	备件及时供应次数/总需求次数×100%	15%
学习成长面	人均培训达标	人均实际培训时数/人均计划培训时数×100%	10%

- **车间主管**

指标类型	关键绩效指标	定义	权重参考
财务面	维修产值	维修收入	30%
	维修辅料成本	实际维修消耗的辅料成本	15%
客户面	内部客户服务系统	内部客户服务系统出现的问题数量	10%

（续）

指标类型	关键绩效指标	定义	权重参考
内部管理面	一次修复率	一次性维修合格台次/进厂车辆台次×100%	15%
	按时交车率	按时交车台次/交车总台次×100%	15%
	内部检查	内部工作检查中出现的问题数量	15%
学习成长面	人均培训达标	人均实际培训时数/人均计划培训时数×100%	10%

　　直接面对客户的一线岗位，结合岗位工作规划内容，考核以结果指标为主、过程指标为辅助，以财务指标与客户类指标为主，对于分层级设岗的情况（高级服务顾问、中级服务顾问、服务顾问），除了在底薪部分的差异，绩效部分采用同一指标设计不同目标值。

- **机电服务顾问**

绩效奖金＝工作项目结果提成×质量考核成绩

工作项目结果提成

序号	工作目标	提成计算
1	客户维系回厂提成	通过定保活动邀约成功回厂（完整邀约记录工单200元以上），15元/车
2	进厂有效接待	维修保养进厂台次（工单50元以上），2元/单
3	首保体验	首保邀约回厂并完成首保体验工作（服务体验、公众号关注），15元/车
4	产值提成	服务车辆的实收产值（去除优惠折扣部分）产值×0.5%
5	活动项目提成	延保、续保、季节服务核心内容完成个数×单项提成（30元/项）
6	养护提成	养护品销售数量×单项奖励（10元/项）

注：结果提成可以设计台阶奖励。

质量考核

指标类型	关键绩效指标	定义	权重参考
财务面	维修保养产值	维修保养收入目标达成	20%
	维修保养进厂台次	维修保养进厂台次目标达成	20%

（续）

指标类型	关键绩效指标	定义	权重参考
客户面	客户流失率	6 个月以上未回厂客户/客户总量 ×100%	20%
	内部客户服务系统	内部客户服务系统出现的问题数量	10%
过程面	客户档案与维修工单完整准确率	实际准确填写项目/应填写项目 ×100%	15%
	服务流程检核检查	内部工作检查中出现的问题数量	15%
学习成长面	培训达标	达成月度培训要求	—

注：客户档案与完整率也可以采用工单检核表，统计缺失项做管理要求。

- **钣喷服务顾问**

绩效奖金 = 工作项目结果提成 × 质量考核成绩

工作项目结果提成

序号	工作目标	提成计算
1	进厂有效接待	事故进厂台次（工单 50 元以上），5 元/单
2	产值提成	服务车辆的实收产值（去除优惠折扣部分）产值 ×1.5%
3	活动项目提成	延保、续保、季节服务核心内容完成个数 × 单项提成（30 元/项）
4	转化提成	首次事故进厂客户转化机电业务客户（30 元/台）

注：结果提成可以设计台阶奖励。

质量考核

指标类型	关键绩效指标	定义	权重参考
财务面	事故车产值	事故车维修收入	20%
	事故车进厂台次	事故车进厂台次	20%
	单据手续及时准确、案件回款	单据手续的及时准确交付与保险公司案件准时回款	20%
客户面	内部客户服务系统	内部客户服务系统出现的问题数量	10%
过程面	客户档案与维修工单完整准确率	实际准确填写项目/应填写项目 ×100%	15%
	服务流程检核检查	内部工作检查中出现的问题数量	15%
学习成长面	培训达标	达成月度培训要求	—

- **机电班组长/技师**

绩效奖金 = 工作项目结果提成 × 质量考核成绩

工作项目结果提成

序号	工作目标	提成计算
1	首保体验服务	首保客户体验互动服务，10元/单
2	产值提成	服务车辆的实收产值（去除优惠折扣部分）产值 ×2.2%/1.4%
3	活动项目提成	延保、续保、季节服务核心内容完成个数 × 单项提成（30元/项）
4	追加项目提成	依据全车检查单成功的追加项目单项提成

注：结果提成可以设计台阶奖励。

质量考核

指标类型	关键绩效指标	定义	权重参考
过程面	车辆检查单	车辆检查单的完成情况	30%
	内部返修率	内部返修台次/维修台次 ×100%	20%
内部管理面	现场检查情况（5S）	现场检查中发现的问题情况	20%
	内部客户服务系统	内部客户服务系统出现的问题数量	10%
过程面	服务流程检核检查	内部工作检查中出现的问题数量	10%
学习成长面	技术考试合格率	达成月度技术考试要求	10%

- **钣喷班组长/技师**

绩效奖金 = 工作项目结果提成 × 质量考核成绩

工作项目结果提成

序号	工作目标	提成计算
1	钣金产值提成	服务车辆的实收产值（去除优惠折扣部分）产值 ×2.5%
2	喷漆计件提成	单面45元（底涂19元、面喷16元、抛光10元）
3	活动项目提成	延保、续保、季节服务核心内容完成个数 × 单项提成（30元/项）
4	转化提成	首次事故进厂客户转化机电业务客户（30元/台）

注：结果提成可以设计台阶奖励。

质量考核

指标类型	关键绩效指标	定义	权重参考
财务面	班组产值	班组事故车维修收入	30%
过程面	内部返修率	内部返修台次/维修台次×100%	20%
内部管理面	现场检查情况（5S）	现场检查中发现的问题情况	20%
	内部客户服务系统	内部客户服务系统出现的问题数量	10%
过程面	服务流程检核检查	内部工作检查中出现的问题数量	10%
学习成长面	技术考试合格率	达成月度技术考试要求	10%

- **索赔员**

绩效奖金 = 工作项目结果提成 × 质量考核成绩

工作项目结果提成

序号	工作目标	提成计算
1	产值提成	服务车辆的实收产值（去除优惠折扣部分）产值×3%
2	活动项目提成	延保、续保、季节服务核心内容完成个数×单项提成（30元/项）

注：结果提成可以设计台阶奖励。

质量考核

指标类型	关键绩效指标	定义	权重参考
财务面	回款及时率	实际回款/应回款×100%	25%
	拒赔率	拒赔次数/索赔次数×100%	25%
过程面	索赔档案完整率	索赔档案出现缺失的项目数	20%
	索赔单上传	索赔单上次出现缺失的项目数	10%
	索赔件回运	索赔件回运出现缺失的项目数	10%
学习成长面	培训达标	达成月度培训要求	10%

- **配件计划员**

绩效奖金 = 工作项目结果提成 × 质量考核成绩

工作项目结果提成

工作目标	提成计算
零件销售提成	本月零件出库金额×0.5%

注：结果提成可以设计台阶奖励。

质量考核

指标类型	关键绩效指标	定义	权重参考
财务面	备件库资金周转率	月出库成本/月平均库存成本×100%	20%
	超期库存	超过规定库龄的备件数量	20%
过程面	备件供应率	备件及时供应次数/总需求次数×100%	20%
	订货准确率	配件订货上次出现缺失的项目数	20%
	订货单据完整准确	订货单据出现缺失的项目数	10%
学习成长面	培训达标	达成月度培训要求	10%

● **配件库管员**

绩效奖金 = 工作项目结果提成×质量考核成绩

工作项目结果提成

工作目标	提成计算
零件销售提成	本月零件出库金额×0.4%

注：结果提成可以设计台阶奖励。

质量考核

指标类型	关键绩效指标	定义	权重参考
财务面	备件账实准确率	出现问题的数量	20%
	备件入库及时准确性	备件入库出错延误的次数	20%
过程面	备件出库及时准确性	备件出库出错延误的次数	20%
	备件盘点	备件盘点出现问题的次数	20%
	库房管理规范	内部检查管理缺失的项目数	10%
学习成长面	培训达标	达成月度培训要求	10%

3. 利用表格工具设计核心目标进度看板并做及时反馈

让每一位员工了解到自己每一天的工作进度以及工作收益。

比如：售后服务顾问、售后维修班组都可以设计这样的管理看板，每日更新个人业绩数据，对应的个人收益就会得出。同时低于目标值的数据会变色，见表 4 – 24。

表 4 – 24　服务顾问目标达成以及个人收益进度看板

分类	项目	服务顾问 1	服务顾问 2	服务顾问 3	服务顾问 4
营业目标	台次目标				
	累计进厂				
	产值目标				
	累计产值				
	达成率				
活动项目	延保				
	续保				
	轮胎				
	蓄电池				
	汽车精品				
	季节活动核心项目				
养护	养护 1				
	养护 2				
	养护 3				
质量指标	邀约招揽				
	工单检核				
	内部客户服务系统				
	培训达标				
	服务流程				
收益	绩效工资				

　　服务管理流程本质上是一个规范化、标准化作业的设计、服务流程，最大的作用就是保障实施过程不变形、不走样。在汽车售后经营管理中，我们从服务管理流程层面出发做设计改善，将帮助我们不打折扣、不退化地将售后盈利进化的改善有效落地。

本章重点

1）建立客户服务流程与服务管理流程的目的和意义。

2）从客户感受出发，以提升客户体验为目标的承诺式客户服务流程具体细则。

3）实现良好客户体验的"峰终定律"以及服务团队服务流程训练的方法。

4）包含目标设定、资源匹配、进度追踪、过程管控、成果评估的售后服务业务管理流程的具体细则。

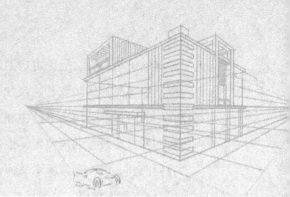

第 5 章　品牌营销篇

5.1　经销商服务品牌战略

5.1.1　经销商服务品牌的价值

汽车经销商的本质是代理商，代理商所代理的品牌与产品是代理商核心的竞争力，对于汽车经销商而言，选择好代理的品牌就是最重要的战略问题。

特别是现在汽车行业发展到供大于求的阶段，竞争激烈，赢家通吃。对于消费者而言，汽车品牌已经是消费者选择产品的首要前提，我们经常看到在同一汽车城商圈内，品牌力强的店门庭若市，品牌力差的店门可罗雀。

市场竞争越激烈，品牌的作用就越大，很多汽车经销商也认识到这一点，纷纷启动了自己的品牌战略。

汽车经销商的品牌是如何被识别的呢？首先还是来自于汽车经销商所代理的品牌。人们对汽车经销商的描述也往往从品牌开始。

我们单从售后业务服务的维度看，会发现售后维度对于汽车品牌的认知依赖没有销售这么大，或者说从服务着手更能突出经销商自身。因为对于消费者而言买车接受的是来自主机厂的产品，而售后服务接受的却是来自于经销商的服务。

服务品牌未来将会是经销商的核心竞争力之一。那么经销商的服务品牌如何打造？我们不妨看一下其他行业优秀的服务品牌案例。

电商时代快递业异常繁荣，但是竞争也相当激烈。在快递行业中，顺丰速递这个品牌案例是典型的代表。对于消费者买家来讲，尽快地拿到商品是需求，所以在电商包邮的前提下如果让消费者去选择用哪家的快递服务的时候，消费者一定选择速度快的。顺丰的价格要高，但是用户更认可它，核心优势就在于它更快。

顺丰速递品牌就代表着速度快，这个成为消费者买家的共识。结果很多时候电商在做宣传的时候都会用顺丰的招牌来吸引消费者。

我们的售后服务的消费者，他们真正的需求在哪里？

我们回到一线，请客服汇总回访客户的抱怨，往往很容易列出这样一个清单：

1）没有彻底修好，故障还在。

2）维修时间长。

3）车洗得不干净。

4）距离远。

5）价格高。

6）等待时间长。

客户对售后服务的需求到底在哪里？

不同品牌，不同的店这六项后面的具体数据虽有差异，但我们将客户反馈的问题归类汇总之后，就可以得到类似的答案。

服务质量类，如车辆故障没有彻底修好、加装设备故障没有修好、附加服务没有做好（车洗得不干净）。

服务效率类，如维修时间长、等待时间长、来店不方便。

维修价格类，如总体价格高、配件价格高、工时价格高、保养价格高、喷漆价格高、维修价格高。

我们的客服都可以很好地完成这个任务，但是只有这些显然还不够，我们还需要再往下去了解。其实，目前店内客服回访真正的问题就在于客服回访中没有更进一步询问客户的真实需求。

当客户抱怨时间长的时候，我们客服人员可以问询客户他认为多长时间合理？当客户抱怨价格高的时候，我们客服人员可以问询客户他认为的合理价格应该是多少？

我们还能再往下走一步，了解到客户有这样认知的原因，比如价格高是因为客户还有一台其他品牌的车，这台车在4S店的保养价格是××元。

这样的回访才有真正的价值，能够让我们了解到服务现状与客户认知之间的差距，并找到这个差距存在的原因。

这将有助于我们不断改善、提升我们的服务水准，并以此建立我们的服务品牌形象。

5.1.2　经销商服务品牌的建设

在我们将售后业务的基础做好，起码做到是行业平均水平之上之后，我们就要去考虑做我们服务品牌建设了。

1. 服务品牌打造的核心是差异化

从客户的需求出发，我们可以从以下 4 个方面去考虑差异化的设计：

1) 第一个是服务体验，客户有需求时，我们可以用最快的速度来到客户的身边，提供专业的服务，最典型的就是事故救援。

比如：保险保姆服务，对于车主而言，专业的理赔服务顾问在第一时间赶到现场并帮助客户处理保险相关事宜，客户认可度非常高。

2) 第二个是服务时间，有一些品牌的客户群体是有额外需求的，比如工作忙、时间非常紧张的客户，我们可以推出晚间预约保养的服务。

比如：南方的一家别克 4S 店就推出了晚上到 23 点的晚间预约保养的服务，并提供客户休息区服务。城市白领族白天时间紧张，晚上到店保养车辆的同时，还可以使用 4S 店的客户休息区在一杯咖啡的陪伴下，继续工作。这样的特色服务完全基于这类客户的需求，客户自然非常认可，会主动"打卡"传播，为 4S 店做免费宣传。

3) 第三个是服务速度，很多店都推出了 45 分钟保养之类的活动，但是对于客户而言感受最深的是在事故维修服务上，很多店客户做个单件喷漆都要等一天，严重影响工作、生活用车。我们可以针对这类情况推出快钣快喷服务产品。

比如：北方一家本田 4S 店就推出了 2 小时快钣快喷服务，对于小面积的损伤承诺在 2 小时内完成修复。忙碌于家庭与事业之间的车主，对车的依赖程度很高，这样的快速服务对车主用车几乎没有影响，客户非常认可。

4) 第四个是价值的重构，打破边界，将新创造的价值作为服务品牌，比如基于车主文化建立的服务品牌。

这个设计的关键是要找准地区的文化特点、找准车主的需求共性。

比如：深圳一家 JEEP 4S 店就建立了"吉铺"的服务品牌，在店内规划出区域做车友会、做生意对接会、做项目孵化器。深圳作为创业之都，这样的设计客户自然非常认可。

2. 做好差异化的战略陪衬

接下来要从以下 8 个维度精心设计好战略陪衬，推动企业服务品牌的建设。

1）核心产品：设计出具体的可以代表服务品牌的核心价值的产品，比如代表我们提供良好服务体验的保险保姆这个具体的产品、代表我们快速服务特点的2小时快钣快喷这个产品。

2）包装设计：设计品牌故事，针对我们的服务品牌一定要设计一个可以感动人心的故事，在故事中传递情感以及品牌的价值。比如保险保姆就可以讲述一位客户出险的故事。晚间预约保养同样可以讲述一位辛苦打拼的白领客户的故事。

3）价格设计：品牌项目的价格需要做精心的设计，比如晚上到23点的晚间预约保养的服务，这个服务对于经销商宣传的是我们用心服务客户，但是在低峰时段，我们反而要给客户一个错峰保养的优惠，同时还包含在客休区提供咖啡和小吃。这样的价格设计，客户会更为认可。

4）目标客户：选择核心的目标客户群体，不是所有的客户都适合我们推出的服务品牌，在推广的时候我们要瞄准我们的目标客户。比如2小时快钣快喷业务，前期推广我们可以采用首面特惠方式推广，但是吸引来的客户会有很多是价格敏感型客户，他们感兴趣的是低价，而不是快。

在服务中我们需要识别出真正为我们服务速度买单的客户，这类客户的反馈与传播对于服务品牌的建立意义重大。

5）信任状：找到第三方大家认可的证明去除质疑。王婆卖瓜自卖自夸很难让人信服，只有出自第三方的证明才能让客户真正认可，所以在品牌建设上，我们需要借助第三方的信任状，比如协会的评比、有公信力的官方媒体的报道等。

6）推广传播：设计品牌推广传播矩阵，设计了核心服务产品，讲好了品牌故事，积累了客户反馈，有了第三方的信任状之后，我们下一步的重点就在于服务品牌的推广传播。

7）渠道：选择符合品牌特性以及差异化要求的渠道。比如深圳4S店价值重构设计的俱乐部服务选择的渠道就是深圳的创业圈。比如南方那家4S店推出晚间预约服务面对的是工作忙碌的白领，那么宣传渠道就是城市里写字楼众多的CBD区域的电梯广告。

8）组织：企业内部作人员组织的建设与调整。差异化的服务品牌需要对应的组织保障。比如晚间服务的由服务顾问、客休服务人员、对应班组组成的晚间服务小组。俱乐部服务的由俱乐部工作人员组成的车主俱乐部的服务小组。只有做好这些人员组织的建设，才能确保差异化服务的不变形，不走样。

4S 店找到差异化其实难度并不大，选择合适的差异化服务内容与设计出科学有效的战略陪衬反而是品牌建立的核心与难点。

5.2　从"服务于车"到"服务于人"

随着市场竞争越来越激烈，价格战已无法避免。经销商售后围绕"车"展开的传统经营项目如保养、维修、事故都会面临价格战的风险。

此外，销售端的获客成本也越来越高，客户进店越来越难，这些都意味着巨大的经营成本。

这样的环境下，我们要思考经销商的本质到底什么？属于经销商的优质资产到底是什么？

经销商的优质资产是我们的客户，是买了我们的车进入售后服务基盘的保有客户。

我们应该考虑如何去经营基盘的保有客户，获得收益与突破。

首先是与保有客户的黏性经营。

现在私域流量这个词在汽车经销商的圈子里很火。私域流量的难点就在于我们如何去建立与客户之间有效的高黏性。直播、微信商城、各种营销小程序成为目前汽车经销商建立私域流量的软件工具，但对于汽车经销商来说，绝对不是有了一套软件工具，就可以做好私域流量的经营。

直播、微信小程序、商城其实只是一个毛坯房，我们要通过一系列的装修来让它更有温度。

这些事情绝对不是仅仅依靠前端一线人员就可以做成的，整个团队都要在后方给予支持。

面对全新的实践，我们更应该冷静思考，看看我们应该做什么。从实际操作角度出发，我们需要做好以下工作。

1. 搭建有效的客户维系矩阵

无论是基于微信公众号的商城小程序，还是个人微信号、微信群或现在流行的短视频，都有各自的优势与特点，在与客户的沟通上都有自己的优势与劣势。

对于经销商而言，首先要做的是建立一套有效维系客户的矩阵，确保我们与客户之间的有效联系。

比如微信矩阵，经销商用与客户接触的一线员工（服务顾问、销售顾问、保险专员、客服专员）的个人微信号、公司的服务专属微信号、公司的服务公众号以及将部分客户集中的微信群，整合到一起组成维系客户的矩阵。

2. 汽车经销商搭建起内容小组平台

在社交电商领域有一个说法叫作内容为王，而我们汽车经销商现阶段的一线员工对于线上内容制作是不擅长的。内容不行，效果就差，反馈不佳或没有反馈，员工积极性也会备受打击。

我们必须形成有效的内容产出，我们可以请专业的老师辅导。在现有员工内部通过短视频比赛、段子手比赛等活动选出有"网感"的员工。

接着将这些员工组织起来成立素材小组，匹配一定的合理绩效，做一些既不骚扰客户又有吸引力的内容，让员工和客户进行互动，同时也输出标准化的内容，让一线员工用来经营自己的微信朋友圈。

建议店里邀请微商"大咖"指导培训员工微信发送时间、微信线上沟通技巧等内容，提高一线员工的沟通效果，迅速让一线员工获得成就感。

3. 商城的搭建

如果我们想实现线上销售，那么微信商城是一个很好的途径，但是我们一定要注意规划商城的页面内容。专业的事情一定请专业的人士来指导我们。

如果我们仅仅是单纯地在微信朋友圈发小程序，转化会很低，这就需要使用我们之前建立的矩阵，通过一线员工微信号、服务专属微信号私发给消费者或者在微信群里进行分享，让消费者看得到。

消费者点开链接之后一定要能引起购买的欲望才行，所以内容的设计非常重要，真正有效的方式是要围绕车商的营销主题、以单品或产品搭配来吸引消费者，建议商城的页面内容要重点突出主题和核心单品。商城的选品非常重要。

这个部分可以尝试不再局限于汽车，而是开拓服务于人的内容，比如可以尝试团购水果、旅游组团的内容。前期选择价格低且价格透明的商品，比如水果类，建立信任和消费者的购买习惯，后期逐步升级。

汽车经销商这些年经营内容和代理产品围绕汽车主题，我们是汽车主机厂汽车品牌的代理商，我们是保险公司车险的代理商，我们还是金融公司汽车金融产品的代理商。如果我们服务于客户，那么我们能不能尝试做人寿保险的代理商、旅行社旅游产品的代理商、出行公司的代理商、电商平台的代理商……

这种业务的拓展不同于异业联盟的各怀心思，而是实实在在的合作共赢。

山重水复疑无路，柳暗花明又一村，这些服务项目的拓展经营对于经销商来讲会是一次巨大的发展机会。

4. 高效利用公众号推广文案

很多经销商非常看重企业公众号的粉丝量，其实经销商的公众号更多的作用是为客户提供服务的工具。

当下汽车经销商很多服务功能比如送券、预约，都是只能通过车商的微信公众号才能办理。持续运营之后，经销商公众号的特点将会使得我们公众号的粉丝和线下会员的重复度越来越高，自然而然每次的公众号文章的阅读数和在看率都会上升。

经销商公众号的专属性非常高，经销商要将公众号的推广文案做好。推广文案最好是围绕专属客户的刚需展开，我们的目标客户非常精准，那么我们的推广文案也一定是有针对性信息的有效内容。

回归本质，直接面对客户的服务业服务的是顾客，围绕客户实现从"服务于车"到"服务于人"的项目的突破，构建起人、车、生活的服务场景将是经销商接下来盈利的机会。

后　记

我在 2001 年进入这个行业，一路走来，汽车行业前辈给予了我无数的指导与帮助，很多同我一样奋战在一线的同仁们与我分享了诸多来自于实践的宝贵经验，在这里我要由衷地感谢他们，没有他们就没有本书的出版。

一路走来，志同道合的伙伴走到一起。我们喜爱这个行业，更愿意为这个行业做更多的努力。我们有了一个自发的研习兴趣组织，里面既有汽车行业资深媒体人、汽车主机厂的领导，又有行业的投资人、一线的优秀经理人、行业的培训老师，我们一起探讨未来趋势，一起分享管理经验。亲爱的读者，如果您有兴趣与我们一起交流，可以加我的微信号：WD2297。

如今整个汽车市场快速变化，竞争加剧，汽车售后经营也变得艰难。但是往往在这样的时期，才更加需要行业的创新者，才更能体现出我们优秀汽车售后业务管理者的价值。

在这个精彩纷呈的时代，绝大部分的汽车售后业务从业者都在默默耕耘、但是商业世界本质是一个适者生存、优胜劣汰的世界。在这样的世界里是以成果定输赢、以成败论英雄的，这就要我们不能只低头拉车，更要抬头看路。希望我在本书中分享的内容能够给大家带来帮助，最后祝愿我的同仁们可以与时俱进，成为这个时代的成功者。